김미숙 · 강위남 지음

도서출판 | 문

원어민의 마음을 사로잡을 중국어

　중국어를 학습할 때 단어량 참 중요하죠? 맞습니다. 단어는 총알이니까요. 그런데 우리는 중국인과 대화할 때 상당 부분 그 열심히 암기한 단어를 적절히 쓰지 못하고 있을 때가 많습니다. 또 어떤 때는 원어민들이 정말 허무할 정도로 쉽게 표현하는 말을 장황하고 길고 길~게 돌고 돌아서 구사하는 경우도 많습니다. 결과적으로 한국식 중국어라는 또 다른 언어(?)를 구사하게 되는 상황이 발생합니다. 그래서 문장 속에서 단어를 외우고, 중국인들의 리얼한 표현을 패턴 안에 담아서 암기하여 중국인과의 대화에서 무의식적으로 빨리 반응할 수 있는 교재를 만들었습니다.

　이 책에서는 우리가 정말 자주 쓰지만 잘 구사하지 못하는 표현들을 바로 바로 꺼내 쓸 수 있도록 통문장 1200句로 소개해 드립니다.

　통문장 암기는 단어가 기억에 더 오래 남고, 어휘의 다양한 용례를 정확하게 익힐 수 있으며, 어법에 대한 이해까지 높일 수 있는 효과적인 학습방법입니다.

　하루에 종이 한 장만 넘기면 30일 동안 1200개의 실용 중국어 문장이 머릿속에 확 꽂히게 될 것입니다. 먼저 책으로 공부하고 잠들기 전 유튜브로 다시 한번 들으면 학습효과는 배가될 수 있습니다.

　중국인과 공감할 수 있는 말은 화려하고 긴 문장이 아니라 짧지만 가슴에 확 꽂히는 문장입니다. 이 책으로 여러분의 진심이 원어민 가슴에 깊이 꽂히길 바랍니다.

저자 **김미숙, 강위남**

이 책의 구성

• **오늘의 공부 날짜는?**
하루에 40문장씩!!

• **몇 문장을 공부했을까?**
번호를 통해 지금까지 몇 문장을 공부했는지 알 수 있도록 표시하였습니다.

• **중요한 단어를 놓치지 말것!**
문장에서 꼭 외워야 하는 단어 위에 방점을 찍어 표시하였습니다.

단어를 외워봅시다!
200句의 공부가 끝났다면, 단어를 외워 완전히 본인의 것으로 만드세요. 공부한 문장을 기억하면서 외운다면 저절로 복습의 효과까지!

패턴이 문법보다 빠르다!
문법보다 쉽고 빠르게 문맥을 파악하려면 패턴을 외우세요! 지금 바로 중국어에서 많이 사용하는 패턴을 알려드립니다.

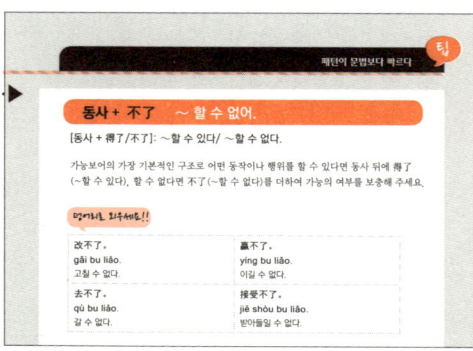

"30일 완성 학습 플랜"으로
실력 쌓아 올리기!

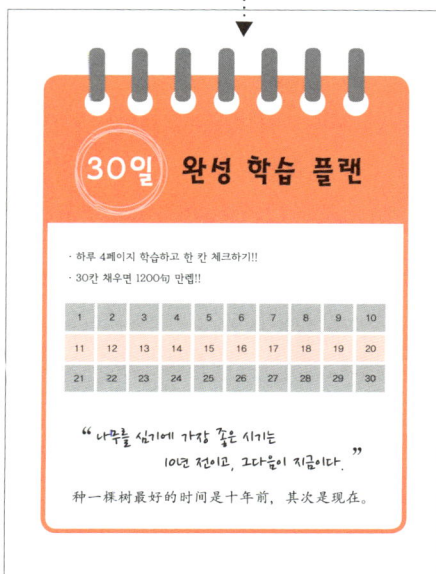

QR코드를 활용하자!!

가장 쉽고 빠르게 중국어를 배울 수 있는 방법!!
지금 바로 QR코드를 통해 선생님을 바로 만나 영상을
보면서 현지인이 사용하는 중국어를 배우자!

아무리 먼 길이라도 한 걸음씩 걸으면 다 갈 수 있고,
아무리 두꺼운 책이라도 한 페이지씩 보다 보면 다 볼 수 있습니다!
꾸준히 하세요!

再长的路，一步步也能走完，
再厚的书，一页页也能看完，
一定要坚持到底！

NAVER 롱차이나 중국어

머리말 · 005   이 책의 구성 · 006

五字 (001句~200句)

Day 1 · 012   **Day 2** · 016   **Day 3** · 020
Day 4 · 024   **Day 5** · 028   단어 · 032   패턴 · 039

六字 (201句~400句)

Day 6 · 044   **Day 7** · 048   **Day 8** · 052
Day 9 · 056   **Day 10** · 060   단어 · 064   패턴 · 070

七字 (401句~600句)

Day 11 · 074   **Day 12** · 078   **Day 13** · 082
Day 14 · 086   **Day 15** · 090   단어 · 094   패턴 · 101

八字 (601句~800句)

Day 16 · 106　　**Day 17** · 110　　**Day 18** · 114
Day 19 · 118　　**Day 20** · 122　　단어 · 126　　패턴 · 134

九字 (801句~1000句)

Day 21 · 138　　**Day 22** · 142　　**Day 23** · 146
Day 24 · 150　　**Day 25** · 154　　단어 · 158　　패턴 · 166

十字 (1001句~1200句)

Day 26 · 172　　**Day 27** · 176　　**Day 28** · 180
Day 29 · 184　　**Day 30** · 188　　단어 · 192　　패턴 · 200

30일 완성 학습 플랜

- 하루 4페이지 학습하고 한 칸 체크하기!!
- 30칸 채우면 1200句 만렙!!

1	2	3	4	5	6	7	8	9	10
11	12	13	14	15	16	17	18	19	20
21	22	23	24	25	26	27	28	29	30

"나무를 심기에 가장 좋은 시기는 10년 전이고, 그다음이 지금이다."

种一棵树最好的时间是十年前，其次是现在。

开始

五字

001句~200句

Day 1

깨끗하게 먹었네.
0001

吃得很干净。
Chī de hěn gān jìng.

화제를 바꾸자!
0002

换个话题吧!
Huàn ge huà tí ba!

평소에는 이렇지 않아.
0003

平时不这样。
Píng shí bú zhè yàng.

성격은 고칠 수 있어.
0004

性格可以改。
Xìng gé kě yǐ gǎi.

성격은 못 고쳐.
0005

性格改不了。
Xìng gé gǎi bu liǎo.

여권 만들어야 돼요.
0006

我得办护照。
Wǒ děi bàn hù zhào.

그는 워커홀릭이에요.
0007

他是工作狂。
Tā shì gōng zuò kuáng.

누가 아니래?
0008

谁说不是呢?
Shéi shuō bú shì ne?

내가 안 하면 누가 해?
0009

我不做谁做?
Wǒ bú zuò shéi zuò?

컴퓨터가 랙이 너무 심하게 걸려요.
0010

电脑太卡了。
Diàn nǎo tài kǎ le.

청소 다 했어? 0011	打扫好了吗？ Dǎ sǎo hǎo le ma?
호기심이 많아. 0012	好奇心很强。 Hào qí xīn hěn qiáng.
술 깼니? 0013	你醒酒了吗？ Nǐ xǐng jiǔ le ma?
아무리 비싸도 살 거야. 0014	再贵也要买。 Zài guì yě yào mǎi.
여기서 멀지 않아. 0015	离这儿不远。 Lí zhèr bù yuǎn.
반품하기 귀찮아. 0016	退货很麻烦。 Tuì huò hěn má fan.
욕을 입에 달고 살아요. 0017	脏话不离口。 Zāng huà bù lí kǒu.
국이 좀 짜요. 0018	汤有点儿咸。 Tāng yǒu diǎnr xián.
우리는 같은 고향사람이에요. 0019	我们是老乡。 Wǒ men shì lǎo xiāng.
방법이 있을 거예요. 0020	会有办法的。 Huì yǒu bàn fǎ de.

五字　六字　七字　八字　九字　十字

틀림없이 방법이 있을 거예요. 0021	肯定有办法。 Kěn dìng yǒu bàn fǎ.
넌 너무 융통성이 없어. 0022	你太死板了。 Nǐ tài sǐ bǎn le.
진짜 사람 궁금하게 하네. 0023	真叫人纳闷。 Zhēn jiào rén nà mèn.
긴장돼 죽겠어요. 0024	我紧张死了。 Wǒ jǐn zhāng sǐ le.
즐거운 게 가장 중요해. 0025	开心最重要。 Kāi xīn zuì zhòng yào.
위로할 방법이 없네. 0026	没办法安慰。 Méi bàn fǎ ān wèi.
오늘 파티가 있어요. 0027	今天有派对。 Jīn tiān yǒu pài duì.
가만있다가 봉변 당했어. 0028	躺着也中枪。 Tǎng zhe yě zhòng qiāng.
그는 야심이 없어요. 0029	他没有野心。 Tā méi yǒu yě xīn.
집에 일찍 가. 0030	早点儿回家。 Zǎo diǎnr huí jiā.

걔는 주먹을 부르는 얼굴이야.	他长得欠打。
0031	Tā zhǎng de qiàn dǎ.

단톡방에 초대할게요.	我拉你进群。
0032	Wǒ lā nǐ jìn qún.

남자답지 않아요.	不像个男人。
0033	Bú xiàng ge nán rén.

넌 너무 보수적이야.	你太保守了。
0034	Nǐ tài bǎo shǒu le.

걘 남들 일에 관심이 너무 많아.	她太八卦了。
0035	Tā tài bā guà le.

이유는 간단해요.	理由很简单。
0036	Lǐ yóu hěn jiǎn dān.

나 대리 운전 불렀어.	我叫代驾了。
0037	Wǒ jiào dài jià le.

당신은 반드시 동의해야 합니다.	你必须同意。
0038	Nǐ bì xū tóng yì.

소중함을 몰라요.	不知道珍惜。
0039	Bù zhī dào zhēn xī.

그 사람 바람피웠어요.	他有外遇了。
0040	Tā yǒu wài yù le.

五字 / 六字 / 七字 / 八字 / 九字 / 十字

Day 2

나 꼬시지 마.

0041

不要勾引我。
Bú yào gōu yǐn wǒ.

나 대신 그녀를 좀 챙겨줘.

0042

替我照顾她。
Tì wǒ zhào gù tā.

어차피 난 안 믿어.

0043

反正我不信。
Fǎn zhèng wǒ bú xìn.

나 걔 안 지 얼마 안 됐어.

0044

我刚认识他。
Wǒ gāng rèn shi tā.

걔 수신 차단하고 싶어.

0045

好想拉黑他。
Hǎo xiǎng lā hēi tā.

못하는 게 없어요.

0046

没有不会的。
Méi yǒu bú huì de.

우산 가지고 다니기 너무 귀찮아.

0047

带伞太麻烦。
Dài sǎn tài má fan.

너가 사과해야 돼.

0048

应该你道歉。
Yīng gāi nǐ dào qiàn.

난 사과하고 싶지 않아.

0049

我不想道歉。
Wǒ bù xiǎng dào qiàn.

이게 다 직업병이에요.

0050

这是职业病。
Zhè shì zhí yè bìng.

나 진즉에 깼어. 0051	我早就醒了。 Wǒ zǎo jiù xǐng le.
복습 다 했니? 0052	复习好了吗？ Fù xí hǎo le ma?
책임감이 부족해. 0053	缺乏责任感。 Quē fá zé rèn gǎn.
넌 자신감이 부족해. 0054	你缺乏信心。 Nǐ quē fá xìn xīn.
어떻게 이럴 수가 있어? 0055	怎么能这样？ Zěn me néng zhè yàng?
운에 맡기자! 0056	碰碰运气呗！ Pèng peng yùn qi bei!
사람은 성실해야 돼. 0057	做人要诚实。 Zuò rén yào chéng shí.
당신이 결정하세요. 0058	由你来决定。 Yóu nǐ lái jué dìng.
이러다가 늦어요. 0059	快来不及了。 Kuài lái bu jí le.
충전 다 했어? 0060	充好电了吗？ Chōng hǎo diàn le ma?

五字 六字 七字 八字 九字 十字

방세가 얼마야?	房租多少钱？ Fáng zū duō shao qián?
0061	
그는 포기하기로 결정했어요.	他决定放弃。 Tā jué dìng fàng qì.
0062	
너만 할 수 있어.	只有你能行。 Zhǐ yǒu nǐ néng xíng.
0063	
갑자기 정전되었어요.	突然停电了。 Tū rán tíng diàn le.
0064	
나 지금 매우 급해.	我现在很急。 Wǒ xiàn zài hěn jí.
0065	
저녁에 시간 돼요.	晚上有时间。 Wǎn shang yǒu shí jiān.
0066	
그날 약속이 있어요.	那天有约了。 Nà tiān yǒu yuē le.
0067	
수도꼭지가 고장 났어요.	水龙头坏了。 Shuǐ lóng tóu huài le.
0068	
시간이 약이야.	时间是良药。 Shí jiān shì liáng yào.
0069	
그는 돈도 있고 권력도 있어요.	他有钱有势。 Tā yǒu qián yǒu shì.
0070	

나는 세 바퀴를 뛰었어요. 0071	我跑了三圈。 Wǒ pǎo le sān quān.
배달되나요? 0072	能送外卖吗？ Néng sòng wài mài ma?
농구공에 바람이 빠졌어요. 0073	篮球没气了。 Lán qiú méi qì le.
시간은 얼마든지 있어요. 0074	时间有的是。 Shí jiān yǒu de shì.
날이 우중충해요. 0075	天阴沉沉的。 Tiān yīn chén chén de.
좀 더 있다 가요! 0076	再坐会儿吧！ Zài zuò huìr ba!
그는 자연곱슬이에요. 0077	他是自来卷。 Tā shì zì lái juǎn.
그가 나보다 먼저 왔어요. 0078	他比我先到。 Tā bǐ wǒ xiān dào.
머릿결이 상했어요. 0079	发质变坏了。 Fā zhì biàn huài le.
그는 공부를 못해요. 0080	他学习不好。 Tā xué xí bù hǎo.

五字 六字 七字 八字 九字 十字

Day 3

나한테 할인쿠폰 있어.
0081

我有打折券。
Wǒ yǒu dǎ zhé quàn.

그는 얼굴이 누렇게 떴어요.
0082

他脸色发黄。
Tā liǎn sè fā huáng.

날것으로 먹어도 되나요?
0083

可以生吃吗?
Kě yǐ shēng chī ma?

나 오늘 당직이야.
0084

今天我值班。
Jīn tiān wǒ zhí bān.

니가 날 막고 있어.
0085

你挡着我了。
Nǐ dǎng zhe wǒ le.

추첨해서 결정하자!
0086

抽签决定吧!
Chōu qiān jué dìng ba!

제가 경솔했어요.
0087

是我草率了。
Shì wǒ cǎo shuài le.

마음이 불편해요.
0088

心里不舒服。
Xīn lǐ bù shū fu.

정말 실망스럽네요.
0089

真让人失望。
Zhēn ràng rén shī wàng.

그는 사귐성이 좋아요.
0090

他善于交际。
Tā shàn yú jiāo jì.

사람은 양심이 있어야 되는 거야. 0091	人要有良心。 Rén yào yǒu liáng xīn.
수속은 어떻게 합니까? 0092	手续怎么办？ Shǒu xù zěn me bàn?
경쟁이 심한가요? 0093	竞争激烈吗？ Jìng zhēng jī liè ma?
대략은 알고 있어요. 0094	我知道大概。 Wǒ zhī dào dà gài.
발 사이즈가 어떻게 되세요? 0095	你的脚多大？ Nǐ de jiǎo duō dà?
우리 팀이 이겼어요. 0096	我们队赢了。 Wǒ men duì yíng le.
그는 이제 오십(살) 넘었어요. 0097	他刚过五十。 Tā gāng guò wǔ shí.
그는 게으르고 게걸스러워요. 0098	他又懒又馋。 Tā yòu lǎn yòu chán.
펜으로 표시해요. 0099	用笔画出来。 Yòng bǐ huà chū lái.
난 꿈이 없어. 0100	我没有梦想。 Wǒ méi yǒu mèng xiǎng.

五字 六字 七字 八字 九字 十字

001～200句　21

우리 자주 연락하자.	0101	我们常联系。 Wǒ men cháng lián xì.
분실신고 했어요?	0102	你挂失了吗? Nǐ guà shī le ma?
내가 우산 씌워 줄게.	0103	我帮你打伞。 Wǒ bāng nǐ dǎ sǎn.
이 음식 맛이 갔어.	0104	这菜变味了。 Zhè cài biàn wèi le.
나 요즘 머리 아파.	0105	我最近头疼。 Wǒ zuì jìn tóu téng.
썰렁한 농담하지 마.	0106	别说冷笑话。 Bié shuō lěng xiào hua.
내가 당신 컴플레인 걸 거예요.	0107	我要投诉你。 Wǒ yào tóu sù nǐ.
걔가 나 계속 쫓아다녀.	0108	他一直追我。 Tā yì zhí zhuī wǒ.
너 애교 많아?	0109	你会撒娇吗? Nǐ huì sā jiāo ma?
그는 아이큐가 높아요.	0110	他的智商高。 Tā de zhì shāng gāo.

너 재수 할 거니?
0111

你要复读吗？
Nǐ yào fù dú ma?

베이징대학 들어가기 어려워?
0112

考北大难吗？
Kǎo Běi Dà nán ma?

너 무좀 있어?
0113

你有脚气吗？
Nǐ yǒu jiǎo qì ma?

손으로 만지지 마.
0114

不要用手摸。
Bú yào yòng shǒu mō.

나 먼저 퇴근할게.
0115

我先下班了。
Wǒ xiān xià bān le.

너 저장 안 해놨어?
0116

你没保存吗？
Nǐ méi bǎo cún ma?

같은 걸로 주세요.
0117

我要一样的。
Wǒ yào yí yàng de.

걔를 가만두지 않을 거야.
0118

我跟他没完。
Wǒ gēn tā méi wán.

헛수고하는 건 아니겠죠?
0119

不会白干吧？
Bú huì bái gàn ba?

나이는 못 속인다니깐.
0120

年纪不饶人。
Nián jì bù ráo rén.

五字
六字
七字
八字
九字
十字

001～200句　23

Day 4

내가 그 사람을 찍었어. 0121	我看中她了。 Wǒ kàn zhòng tā le.
정말 귀신이 곡할 노릇이네. 0122	真是活见鬼。 Zhēn shi huó jiàn guǐ.
눈이 이미 다 녹았어요. 0123	雪已经化了。 Xuě yǐ jīng huà le.
그 사람 인맥이 넓어요. 0124	他的人脉广。 Tā de rén mài guǎng.
온몸에 힘이 없어요. 0125	全身没劲儿。 Quán shēn méi jìnr.
머리가 엉망이 됐어. 0126	头发都乱了。 Tóu fa dōu luàn le.
담배 한 개비만 빌려주세요! 0127	借根烟抽抽! Jiè gēn yān chōu chou!
정말 너무 비참해요. 0128	真是太惨了。 Zhēn shi tài cǎn le.
너희들 먼저 하고 있어. 0129	你们先干着。 Nǐ men xiān gàn zhe.
그렇게 되길 바래! 0130	但愿如此吧! Dàn yuàn rú cǐ ba!

좀 나와 봐요!
0131
你出来一下！
Nǐ chū lái yí xià!

뭘 그리 재촉하고 그래!
0132
你催什么催！
Nǐ cuī shén me cuī!

난 고생이 두렵지 않아.
0133
我不怕吃苦。
Wǒ bú pà chī kǔ.

이미지 관리 좀 해.
0134
你注意形象。
Nǐ zhù yì xíng xiàng.

너 이렇게 일찍 일어난 거야?
0135
你起这么早？
Nǐ qǐ zhè me zǎo?

그는 반신반의하고 있어요.
0136
他半信半疑。
Tā bàn xìn bàn yí.

너 빨리 단념해!
0137
你快死心吧！
Nǐ kuài sǐ xīn ba!

천천히 마셔요!
0138
你慢点儿喝！
Nǐ màn diǎnr hē!

난 못 받아들이겠어.
0139
我接受不了。
Wǒ jiē shòu bu liǎo.

시간이 너무 지체돼요.
0140
很耽误时间。
Hěn dān wu shí jiān.

五字
六字
七字
八字
九字
十字

001～200句 **25**

밥 다 됐어? 0141	饭做好了吗? Fàn zuò hǎo le ma?
기회는 쉽게 오는 게 아니잖아요. 0142	机会难得嘛。 Jī huì nán dé ma.
누가 또 널 건드린 거야? 0143	谁又惹你了? Shéi yòu rě nǐ le?
나도 방금 집에 왔어요. 0144	我也刚到家。 Wǒ yě gāng dào jiā.
더위 먹지 않게 조심해! 0145	你小心中暑! Nǐ xiǎo xīn zhòng shǔ!
걔가 사과했어? 0146	他道歉了吗? Tā dào qiàn le ma?
가까운 길은 없나요? 0147	没有近路吗? Méi yǒu jìn lù ma?
잠을 실컷 못 잤어요. 0148	我还没睡够。 Wǒ hái méi shuì gòu.
저 또 재수했어요. 0149	我又复读了。 Wǒ yòu fù dú le.
사람 다 모였나요? 0150	人都齐了吗? Rén dōu qí le ma?

체격이 좋으시네요.	0151	你体格真好。 Nǐ tǐ gé zhēn hǎo.
상대하기도 귀찮다.	0152	我懒得理你。 Wǒ lǎn de lǐ nǐ.
시간이 별로 충분치 않아요.	0153	时间不太够。 Shí jiān bú tài gòu.
양심에 찔려요.	0154	我良心不安。 Wǒ liáng xīn bù ān.
죽는소리 좀 하지 마세요.	0155	你别叫苦了。 Nǐ bié jiào kǔ le.
그는 초심을 잃지 않았어요.	0156	他不忘初心。 Tā bú wàng chū xīn.
나 때는 말이야~	0157	我那时候啊… Wǒ nà shí hou a…
커피를 다 쏟았어요.	0158	咖啡都洒了。 Kā fēi dōu sǎ le.
너 누구한테 원한 산 거야?	0159	你得罪谁了? Nǐ dé zuì shéi le?
국의 간이 딱 맞네요.	0160	汤咸淡正好。 Tāng xián dàn zhèng hǎo.

五字 / 六字 / 七字 / 八字 / 九字 / 十字

Day 5

차가 꼼짝도 안 해요. 0161	车一动不动。 Chē yí dòng bú dòng.
줄이 너무 길지요? 0162	队太长了吧？ Duì tài cháng le ba?
시간은 사람을 기다려주지 않아요. 0163	时间不等人。 Shí jiān bù děng rén.
재방송인가요? 0164	这是重播吗？ Zhè shì chóng bō ma?
상황 보고 정하자! 0165	看情况定吧！ Kàn qíng kuàng dìng ba!
나 너랑 같은 방향으로 가. 0166	我和你同路。 Wǒ hé nǐ tóng lù.
사랑니 뽑았어요. 0167	我拔了智齿。 Wǒ bá le zhì chǐ.
시합은 비겼습니까? 0168	比赛平了吗？ Bǐ sài píng le ma?
생방송 중이에요. 0169	我正在直播。 Wǒ zhèng zài zhí bō.
그는 나의 우상이에요. 0170	他是我偶像。 Tā shì wǒ ǒu xiàng.

개업을 축하합니다! 0171	祝贺你开业！ Zhù hè nǐ kāi yè!
이건 유전이에요. 0172	这是遗传的。 Zhè shì yí chuán de.
기름값이 너무 비싸요. 0173	油价太贵了。 Yóu jià tài guì le.
가까이 오지 마요. 0174	不要太接近。 Bú yào tài jiē jìn.
걔 고3 됐어. 0175	他上高三了。 Tā shàng gāo sān le.
그는 줏대가 없어요. 0176	他没有主见。 Tā méi yǒu zhǔ jiàn.
나는 진리를 믿어요. 0177	我相信真理。 Wǒ xiāng xìn zhēn lǐ.
프린터가 고장 났어요. 0178	打印机坏了。 Dǎ yìn jī huài le.
분위기가 좋지 않아요. 0179	气氛很不好。 Qì fēn hěn bù hǎo.
너희 화해했어? 0180	你们和好了？ Nǐ men hé hǎo le?

五字 六字 七字 八字 九字 十字

우리 내기하자! 0181	咱们打赌吧！ Zán men dǎ dǔ ba!
사업 밑천은 있는 거야? 0182	你有本钱吗？ Nǐ yǒu běn qián ma?
나는 모험을 좋아해요. 0183	我喜欢冒险。 Wǒ xǐ huan mào xiǎn.
가구가 변형되었어요. 0184	家具变形了。 Jiā jù biàn xíng le.
오늘 내가 쏠게요. 0185	今天我做东。 Jīn tiān wǒ zuò dōng.
감기가 아직 안 났어. 0186	感冒还没好。 Gǎn mào hái méi hǎo.
이거 안 지워져. 0187	这个洗不掉。 Zhè ge xǐ bu diào.
계속 기회가 없었어요. 0188	一直没机会。 Yì zhí méi jī huì.
오류가 발생했어요. 0189	出现了错误。 Chū xiàn le cuò wù.
날 말리지 마. 0190	你别拦着我。 Nǐ bié lán zhe wǒ.

최저가 얼마예요?	最低多少钱？
0191	Zuì dī duō shao qián?

인맥을 쌓아야 돼요.	要积累人脉。
0192	Yào jī lěi rén mài.

차 살 형편이 안 돼요.	我买不起车。
0193	Wǒ mǎi bu qǐ chē.

더 따라줘!	再给我倒点！
0194	Zài gěi wǒ dào diǎn!

정말 농땡이 잘 친다.	你真能偷懒。
0195	Nǐ zhēn néng tōu lǎn.

여기가 너무 더러워요.	这里太脏了。
0196	Zhè lǐ tài zāng le.

걔가 날 배신했어.	他背叛我了。
0197	Tā bèi pàn wǒ le.

부자가 되고 싶어요.	我很想发财。
0198	Wǒ hěn xiǎng fā cái.

귀가 엄청 밝네요.	你耳朵真好。
0199	Nǐ ěr duo zhēn hǎo.

학교 다녀 오겠습니다.	我去上学了。
0200	Wǒ qù shàng xué le.

五字
六字
七字
八字
九字
十字

확! 꽂히는 중국어   "단어는 총알이다"

干净 [gānjìng]
형 깨끗하다. 하나도 남지 않다.

话题 [huàtí]
명 화제.

平时 [píngshí]
명 평소.

性格 [xìnggé]
명 성격.

改 [gǎi]
동 바꾸다. 고치다.

得 [děi]
동 (마땅히) …해야 한다[겠다].

办 [bàn]
동 (일 따위를) 하다. 처리하다.

护照 [hùzhào]
명 여권.

工作狂 [gōngzuòkuáng]
명 일벌레. 워커홀릭.

卡 [kǎ]
동 (컴퓨터 등) 일시 정지, 느림 등 현상이 생기다.

打扫 [dǎsǎo]
동 청소하다.

好奇心 [hàoqíxīn]
명 호기심.

强 [qiáng]
형 강하다.

醒酒 [xǐngjiǔ]
동 술에서 깨다. 술이 깨다.

离 [lí]
개사 …에서. …로부터.

远 [yuǎn]
형 멀다.

退货 [tuìhuò]
명,동 반품(하다).

麻烦 [máfan]
형 귀찮다. 번거롭다.

脏话 [zānghuà]
명 상스러운 말. 저속한 말. 욕.

离 [lí]
동 떠나다.

口 [kǒu]
명 입.

汤 [tāng]
명 탕. 국.

有点儿 [yǒudiǎnr]
부 조금. 약간.

咸 [xián]
형 짜다.

老乡 [lǎoxiāng]
명 고향 사람.

办法 [bànfǎ]
명 방법.

肯定 [kěndìng]
부 확실히. 틀림없이.

死板 [sǐbǎn]
형 융통성이 없다.

叫 [jiào]
동 …로 하여금 …하게 하다.

纳闷 [nàmèn]
동 수상쩍게 생각하다. 궁금해하다.

紧张 [jǐnzhāng]
형 긴장하다.

开心 [kāixīn]
형 유쾌하다. 즐겁다.

安慰 [ānwèi]
동 위로하다.

派对 [pàiduì]
명 파티(party).

躺 [tǎng]
동 눕다.

中 [zhòng]
동 맞다.

枪 [qiāng]
명 총.

野心 [yěxīn]
명 야심.

欠 [qiàn]
동 빚지다.

拉 [lā]
동 끌다. 당기다.

群 [qún]
명 단톡방.

像 [xiàng]
동 닮다. 비슷하다. …와 같다.

保守 [bǎoshǒu]
형 보수적이다.

八卦 [bāguà]
동 가십. 헛소문을 말하다.

理由 [lǐyóu]
명 이유.

简单 [jiǎndān]
형 간단하다.

叫 [jiào]
동 부르다.

代驾 [dàijià]
명,동 대리운전(하다).

必须 [bìxū]
부 반드시 …해야 한다.

同意 [tóngyì]
동 동의하다.

珍惜 [zhēnxī]
동 소중히 여기다.

外遇 [wàiyù]
명 부부 이외의 남녀 관계.

勾引 [gōuyǐn]
동 (나쁜 길로) 유혹하다.

替 [tì]
동 대신하다.

照顾 [zhàogù]
동 돌보다. 보살펴 주다.

反正 [fǎnzhèng]
부 어차피.

拉黑 [lāhēi]
동 수신차단하다.

伞 [sǎn]
명 우산.

应该 [yīnggāi]
동 마땅히 …해야 한다.

道歉 [dàoqiàn]
동 사과하다.

职业病 [zhíyèbìng]
명 직업병.

复习 [fùxí]
명,동 복습(하다).

缺乏 [quēfá]
동 모자라다.

责任感 [zérèngǎn]
명 책임감.

信心 [xìnxīn]
명 자신.

碰运气 [pèngyùnqi]
동 운에 맡기다.

단어 **33**

단어 | 확! 꽂히는 중국어 | "단어는 총알이다"

呗 [bei]
조사 …할 따름이다. …뿐이다. 그만이다.

诚实 [chéngshí]
형 성실하다.

由 [yóu]
개사 …이[가].

决定 [juédìng]
동 결정하다.

来不及 [láibují]
동 시간적 여유가 없다.

充电 [chōngdiàn]
동 충전하다.

房租 [fángzū]
명 집세.

放弃 [fàngqì]
동 포기하다.

只有 [zhǐyǒu]
부 오직. 오로지.

突然 [tūrán]
부 갑자기.

停电 [tíngdiàn]
동 정전되다.

急 [jí]
형 급하다.

约 [yuē]
명 약속.

水龙头 [shuǐlóngtóu]
명 수도꼭지.

坏 [huài]
형 고장나다.

时间 [shíjiān]
명 시간.

良药 [liángyào]
명 좋은 약.

势 [shì]
명 권력. 위세. 권세.

圈 [quān]
양사 바퀴.

送 [sòng]
동 보내다. 배달하다.

外卖 [wàimài]
명 포장 판매 음식. 배달 음식.

篮球 [lánqiú]
명 농구공.

气 [qì]
명 공기. 바람.

有的是 [yǒudeshì]
동 얼마든지 있다. 많이 있다.

阴沉沉的 [yīnchénchénde]
형 어둠침침한 모양.

自来卷 [zìláijuǎn]
명 곱슬머리.

发质 [fāzhì]
명 머릿결.

打折券 [dǎzhéquàn]
명 할인쿠폰.

脸色 [liǎnsè]
명 안색.

发黄 [fāhuáng]
동 누렇게 되다. 누래지다.

生吃 [shēngchī]
동 날것으로 먹다.

值班 [zhíbān]
명,동 당직(을 맡다).

挡 [dǎng]
동 막다. 차단하다. 가리다.

抽签 [chōuqiān]
동 추첨하다.

草率 [cǎoshuài]
형 경솔하다.

不舒服 [bùshūfu]
형 (기분이) 나쁘다. 언짢다.

失望 [shīwàng]
동 실망하다. 낙담하다.

善于 [shànyú]
동 …에 능숙하다. …를 잘하다.

交际 [jiāojì]
명,동 교제(하다).

良心 [liángxīn]
명 양심.

手续 [shǒuxù]
명 수속. 절차.

竞争 [jìngzhēng]
명 경쟁.

激烈 [jīliè]
형 격렬하다. 치열하다.

大概 [dàgài]
명 개략. 대강.

脚 [jiǎo]
명 발.

队 [duì]
명 팀.

赢 [yíng]
동 이기다.

过 [guò]
동 지나다.

懒 [lǎn]
형 게으르다.

馋 [chán]
형 게걸스럽다.

笔 [bǐ]
명 펜.

画 [huà]
동 (그림을) 그리다. 긋다.

梦想 [mèngxiǎng]
명 꿈.

联系 [liánxì]
동 연락하다.

挂失 [guàshī]
동 분실 신고를 하다.

打伞 [dǎsǎn]
동 우산을 받다[쓰다].

变味 [biànwèi]
동 맛이 변하다. 맛이 가다[쉬다].

头疼 [tóuténg]
형 머리[골치]가 아프다.

冷笑话 [lěngxiàohua]
명 썰렁한 농담.

投诉 [tóusù]
동 컴플레인 걸다.

追 [zhuī]
동 쫓아다니다. 쫓다.

撒娇 [sājiāo]
동 애교 부리다.

智商 [zhìshāng]
명 지능 지수(IQ).

复读 [fùdú]
동 재수하다.

北大 [BěiDà]
명 베이징대학교.

脚气 [jiǎoqì]
명 무좀.

단어 **35**

확! 꽂히는 중국어　　　　　　　　　　"단어는 총알이다"

摸 [mō]
동 (손으로) 만지다. 쓰다듬다.

保存 [bǎocún]
동 보존하다. 저장하다.

白干 [báigàn]
동 헛수고를 하다. 헛일하다.

年纪 [niánjì]
명 나이.

饶人 [ráorén]
동 남을 용서[관용]하다.

看中 [kànzhòng]
동 (보고) 마음에 들다.

活见鬼 [huójiànguǐ]
비유 이상한[별] 일을 다 보다.

化 [huà]
동 녹다. 용화되다. 융화되다.

人脉 [rénmài]
명 인맥.

广 [guǎng]
형 넓다.

全身 [quánshēn]
명 전신. 온몸.

劲儿 [jìnr]
명 힘. 기운.

头发 [tóufa]
명 머리카락. 두발.

乱 [luàn]
형 어지럽다. 어수선하다.

借 [jiè]
동 빌다. 빌려주다. 빌리다.

根 [gēn]
양사 가늘고 긴 것을 셀 때.

烟 [yān]
명 담배.

抽 [chōu]
동 빨다. 피우다.

惨 [cǎn]
형 비참하다. 참담하다.

但愿 [dànyuàn]
동 단지[오로지] …을 원하다.

如此 [rúcǐ]
문어 이와 같다. 이러하다.

催 [cuī]
동 (행동이나 일을) 재촉하다.

怕 [pà]
동 무서워하다. 두려워하다.

吃苦 [chīkǔ]
동 고생하다.

注意 [zhùyì]
동 주의하다. 조심하다.

形象 [xíngxiàng]
명 형상. 이미지.

半信半疑 [bànxìnbànyí]
성어 반신반의.

死心 [sǐxīn]
동 단념하다. 희망을 버리다.

接受 [jiēshòu]
동 받아들이다.

耽误 [dānwu]
동 시간을 허비하다. 지체하다.

机会 [jīhuì]
명 기회.

难得 [nándé]
형 얻기 어렵다.

嘛 [ma]
조사 뚜렷한 사실을 강조할 때 쓰임.
(~잖아)

惹 [rě]
동 (말이나 행동이) 상대방의 기분을 건드리다.

中暑 [zhòngshǔ]
동 더위 먹다.

够 [gòu]
형 충분하다.

齐 [qí]
동 갖추어지다. 완전하게 되다.

体格 [tǐgé]
명 체격. 신체.

懒得 [lǎnde]
동 …하는 것이 귀찮다.

理 [lǐ]
동 상대[상관]하다. 거들떠보다.

不安 [bù'ān]
형 불안하다. 편안치 않다.

叫苦 [jiàokǔ]
동 죽는[우는]소리를 하다.

初心 [chūxīn]
명 최초의 마음. 초심.

洒 [sǎ]
동 (음식 따위를) 엎지르다.

得罪 [dézuì]
동 남의 미움을 사다.

咸淡 [xiándàn]
명 간. 짠 정도.

正好 [zhènghǎo]
형 꼭 알맞다. 딱 좋다.

一动不动 [yídòngbúdòng]
성어 꼼짝하지 않다.

重播 [chóngbō]
명,동 재방송(하다).

情况 [qíngkuàng]
명 상황.

同路 [tónglù]
동 같은 길을 가다.

拔 [bá]
동 뽑다. 빼다.

智齿 [zhìchǐ]
명 사랑니.

比赛 [bǐsài]
명 시합.

直播 [zhíbō]
명,동 생방송(하다).

偶像 [ǒuxiàng]
명 우상.

祝贺 [zhùhè]
동 축하하다.

开业 [kāiyè]
동 개업하다.

遗传 [yíchuán]
명,동 유전(되다).

油价 [yóujià]
명 기름값.

接近 [jiējìn]
동 접근하다. 가까이하다.

主见 [zhǔjiàn]
명 주견.

相信 [xiāngxìn]
동 믿다. 신임하다.

真理 [zhēnlǐ]
명 진리.

打印机 [dǎyìnjī]
명 프린터.

气氛 [qìfēn]
명 분위기.

확! 꽂히는 중국어   "단어는 총알이다"

| 和好 [héhǎo] | 咱们 [zánmen] | 打赌 [dǎdǔ] |
| 동 화해하다. | 대명사 우리(들). | 동 내기를 하다. |

本钱 [běnqián]
명 본전. 밑천.

冒险 [màoxiǎn]
동 모험하다.

家具 [jiājù]
명 가구.

变形 [biànxíng]
동 모양이 변하다. 변형하다.

做东 [zuòdōng]
동 주인 노릇을 하다. 한턱내다.

感冒 [gǎnmào]
명 감기.

一直 [yìzhí]
부 계속해서. 줄곧. 내내.

出现 [chūxiàn]
동 나타나다. 생기다.

错误 [cuòwù]
명 오류.

拦 [lán]
동 (가로)막다. 저지하다.

积累 [jīlěi]
동 쌓이다.

倒 [dào]
동 따르다. 붓다.

偷懒 [tōulǎn]
동 게으름 피우다. 꾀부리다.

脏 [zāng]
형 더럽다. 불결하다.

背叛 [bèipàn]
동 배반하다.

发财 [fācái]
동 부자가 되다.

耳朵 [ěrduo]
명 귀.

동사 + 不了   ~할 수 없어.

[동사 + 得了/不了]: ~할 수 있다/ ~할 수 없다.

가능보어의 가장 기본적인 구조로 어떤 동작이나 행위를 할 수 있다면 동사 뒤에 得了 (~할 수 있다), 할 수 없다면 不了(~할 수 없다)를 더하여 가능의 여부를 보충해 주세요.

덩어리로 외우세요!!

改不了。 gǎi bu liǎo. 고칠 수 없다.	赢不了。 yíng bu liǎo. 이길 수 없다.
去不了。 qù bu liǎo. 갈 수 없다.	接受不了。 jiē shòu bu liǎo. 받아들일 수 없다.

동사 + 好了吗?   ~ 다 했어?

결과보어는 동사 뒤에 딱 붙어서 동사의 결과가 어떻게 되었는지를 보충해요. 주로 동사 혹은 형용사로 나타내는데, 그 중 完은 '완성'의 의미를, 好는 '잘 완성'의 의미를 나타내요. 그래서 중국인들은 完 대신 好를 즐겨 쓴답니다.

덩어리로 외우세요!!

打扫好了吗? dǎ sǎo hǎo le ma? 청소 다 했어?	复习好了吗? fù xí hǎo le ma? 복습 다 했어?
饭做好了吗? fàn zuò hǎo le ma? 밥 다 됐어?	充好电了吗? chōng hǎo diàn le ma? 충전 다 했어?

再 … 也 …　아무리 ~ 하더라도

덩어리로 외우세요!!

再贵也要买。 zài guì yě yào mǎi. 아무리 비싸도 살 거야.	再忙也得吃饭。 zài máng yě děi chī fàn. 아무리 바빠도 밥은 먹어야지.
再困难也要做。 zài kùn nan yě yào zuò. 아무리 힘들어도 해야 돼.	再远也要去。 zài yuǎn yě yào qù. 아무리 멀어도 가야 돼.

早就 … 了　진작에 ~ 했어.

已经…了(이미 ~했다)와 의미상 비슷하지만, 어감상 早就…了를 사용하는 것이 훨씬 강한 느낌이에요.

덩어리로 외우세요!!

我早就醒了。 Wǒ zǎo jiù xǐng le. 나 진작에 깼어.	我早就饿了。 Wǒ zǎo jiù è le. 나 벌써부터 배고팠어.
我早就知道了。 Wǒ zǎo jiù zhī dào le. 나 진작부터 알고 있었어.	考试早就结束了。 Kǎo shì zǎo jiù jié shù le. 시험 진작에 끝났어.

由 … (来) …　　～가 ～하세요.

어떤 일을 어떤 사람이 맡아서 하는지를 좀 더 분명히 말하고자 할 때는 이런 구조를 사용해요.

덩어리로 외우세요!!

由你来处理。 Yóu nǐ lái chǔ lǐ. 네가 처리해.	由你来决定。 Yóu nǐ lái jué dìng. 네가 결정해.
时间由你定吧! Shí jiān yóu nǐ dìng ba! 시간은 너가 정해!	这里的事由你负责。 Zhè lǐ de shì yóu nǐ fù zé. 여기 일은 네가 맡아서 해.

又 … 又 …　　～하기도 하고 ～하기도 하다.

두 가지 상황이나 성질이 동시에 공존하는 것을 표현할 때 사용해요.

덩어리로 외우세요!!

他又懒又馋。 Tā yòu lǎn yòu chán. 그는 게으르고 게걸스러워요.	我又笨又懒。 Wǒ yòu bèn yòu lǎn. 나는 멍청하고 게을러요.
这里又大又安静。 Zhè lǐ yòu dà yòu ān jìng. 여기는 크고 조용해요.	他又高又帅。 Tā yòu gāo yòu shuài. 그는 키가 크고 잘 생겼어요.

동사 + 一下   좀 (한 번) ~ 하다.

짧은 동작을 나타내고, 가볍게 시도해 보는 어감이나 어투를 부드럽게 해주는 역할을 해요.

덩어리로 외우세요!!

你出来一下!
Nǐ chū lái yí xià!
너 좀 나와 봐!

你过来一下!
Nǐ guò lái yí xià!
너 이리 좀 와 봐!

给我看一下!
Gěi wǒ kàn yí xià!
나한테 좀 보여 줘!

我能尝一下吗?
Wǒ néng cháng yí xià ma?
맛 좀 볼 수 있을까요?

懒得 …   ~ 하기 귀찮아.

덩어리로 외우세요!!

懒得动。
lǎn de dòng.
움직이기 귀찮아.

懒得吃饭。
lǎn de chī fàn.
밥 먹기 귀찮아.

懒得做饭。
lǎn de zuò fàn.
밥 하기 귀찮아.

懒得洗澡。
lǎn de xǐ zǎo.
씻기 귀찮아.

懒得出门。
lǎn de chū mén.
나가기 귀찮아.

懒得化妆。
lǎn de huà zhuāng.
화장하기 귀찮아.

六字

201句~400句

Day 6

너랑 싸우고 싶지 않아. 0201	不想和你吵架。 Bù xiǎng hé nǐ chǎo jià.
나도 너 일에 간섭하고 싶지 않아. 0202	我也不想管你。 Wǒ yě bù xiǎng guǎn nǐ.
반드시 성공할 거예요. 0203	一定会成功的。 Yí dìng huì chéng gōng de.
이 책임은 누가 져? 0204	这个责任谁负? Zhè ge zé rèn shéi fù?
그는 내 선배예요. 0205	他是我的学长。 Tā shì wǒ de xué zhǎng.
우리 두 사람은 마음이 안 맞아요. 0206	我们俩合不来。 Wǒ men liǎ hé bu lái.
넌 정말 천재야. 0207	你真是个天才。 Nǐ zhēn shì ge tiān cái.
불행 중 다행이에요. 0208	不幸中的万幸。 Bú xìng zhōng de wàn xìng.
그는 누구한테나 다 잘 해요. 0209	他对谁都很好。 Tā duì shéi dōu hěn hǎo.
돈은 벌어도 벌어도 끝이 없어. 0210	钱是赚不完的。 Qián shì zhuàn bu wán de.

이럴 필요 없잖아요.
0211
你没必要这样。
Nǐ méi bì yào zhè yàng.

어제까지만 해도 괜찮았는데.
0212
昨天还好好的。
Zuó tiān hái hǎo hǎo de.

방금 전까지 괜찮았는데.
0213
刚才还好好的。
Gāng cái hái hǎo hǎo de.

이제 나이가 많이 들어서요.
0214
现在年纪大了。
Xiàn zài nián jì dà le.

케이크를 먹는 게 제일 살쪄.
0215
吃蛋糕最长肉。
Chī dàn gāo zuì zhǎng ròu.

좀 많이 마셨어요.
0216
喝得有点儿多。
Hē de yǒu diǎnr duō.

난 거짓말 못 해.
0217
我不会说假话。
Wǒ bú huì shuō jiǎ huà.

아무도 이렇게 말한 적이 없어요.
0218
没人这么说过。
Méi rén zhè me shuō guo.

우리는 싸운 적이 없어요.
0219
我们没吵过架。
Wǒ men méi chǎo guo jià.

그녀는 아이를 못 낳아요.
0220
她生不出孩子。
Tā shēng bu chū hái zi.

五字
六字
七字
八字
九字
十字

상황 봐 가면서 해. 0221	走一步看一步。 Zǒu yí bù kàn yí bù.
왜 나를 피해? 0222	为什么躲着我？ Wèi shén me duǒ zhe wǒ?
난 그와 인연이 없어요. 0223	我跟他没缘分。 Wǒ gēn tā méi yuán fèn.
사는 게 너무 힘들어. 0224	我活得太累了。 Wǒ huó de tài lèi le.
조만간 알게 될 거야. 0225	早晚会知道的。 Zǎo wǎn huì zhī dào de.
나도 안 지 얼마 안 되었어요. 0226	我也是刚认识。 Wǒ yě shì gāng rèn shi.
잔소리 좀 안 하면 안 될까? 0227	能不能别唠叨？ Néng bu néng bié láo dao?
우리 다른 것도 더 시키자. 0228	我们再点别的。 Wǒ men zài diǎn bié de.
내가 널 얼마나 찾았는데. 0229	我到处找你呢。 Wǒ dào chù zhǎo nǐ ne.
그때 가서 후회하지 마! 0230	到时候别后悔！ Dào shí hou bié hòu huǐ!

널 도와준 보람이 있네.
0231

我没有白帮你。
Wǒ méi yǒu bái bāng nǐ.

성격은 바꾸기 어려워.
0232

性格很难改变。
Xìng gé hěn nán gǎi biàn.

쓰레기통이 꽉 찼어요.
0233

垃圾桶都满了。
Lā jī tǒng dōu mǎn le.

손님은 왕이야.
0234

顾客就是上帝。
Gù kè jiù shì shàng dì.

내가 만든 요리 좀 먹어 봐.
0235

尝尝我做的菜。
Cháng chang wǒ zuò de cài.

먹어봐도 돼?
0236

我能尝一下吗?
Wǒ néng cháng yí xià ma?

나는 자주 걔를 만나.
0237

我经常见到他。
Wǒ jīng cháng jiàn dào tā.

이 감은 익었어요.
0238

这个柿子熟了。
Zhè ge shì zi shú le.

치약 다 떨어졌어.
0239

牙膏都用完了。
Yá gāo dōu yòng wán le.

넌 반드시 원샷해야 돼!
0240

你必须得干杯!
Nǐ bì xū děi gān bēi!

五字

六字

七字

八字

九字

十字

Day 7

원망 좀 그만해. 0241	不要再抱怨了。 Bú yào zài bào yuàn le.
내 눈앞에서 사라져. 0242	从我眼前消失。 Cóng wǒ yǎn qián xiāo shī.
그는 아무것도 부족한 것이 없어요. 0243	他什么都不缺。 Tā shén me dōu bù quē.
명성이 대단하세요. 0244	你的名气很大。 Nǐ de míng qi hěn dà.
역시 허풍이 아니었군요. 0245	果然不是吹的。 Guǒ rán bú shì chuī de.
네가 나보다 훨씬 나. 0246	你比我强多了。 Nǐ bǐ wǒ qiáng duō le.
정말 좋은 소식이네요. 0247	真是个好消息。 Zhēn shì ge hǎo xiāo xi.
밖에서 기다릴게요. 0248	我在外面等你。 Wǒ zài wài miàn děng nǐ.
만날 사람이 많네요. 0249	要见的人很多。 Yào jiàn de rén hěn duō.
시간은 당신이 정하세요! 0250	时间由你定吧！ Shí jiān yóu nǐ dìng ba!

그는 쉽게 감동해요.	他很容易感动。 Tā hěn róng yì gǎn dòng.
우리 어디서 만날까?	我们在哪儿见？ Wǒ men zài nǎr jiàn?
한 정거장만 걸어가면 도착해요.	走一站就到了。 Zǒu yí zhàn jiù dào le.
저녁 먹을 시간 되었네.	到晚饭时间了。 Dào wǎn fàn shí jiān le.
저는 화장을 잘 안 해요.	我不怎么化妆。 Wǒ bù zěn me huà zhuāng.
화장이 너무 진해.	你化得太浓了。 Nǐ huà de tài nóng le.
그는 온몸에 살투성이야.	他全身都是肉。 Tā quán shēn dōu shì ròu.
우리 피서 가자!	我们去避暑吧！ Wǒ men qù bì shǔ ba!
나 3호차에 있어.	我在3号车厢。 Wǒ zài sān hào chē xiāng.
3킬로미터를 뛰었어요.	我跑了三公里。 Wǒ pǎo le sān gōng lǐ.

五字 | 六字 | 七字 | 八字 | 九字 | 十字

갑자기 라면이 땡기네. 0261	突然想吃泡面。 Tū rán xiǎng chī pào miàn.
이건 옛날 영화예요. 0262	这是个老电影。 Zhè shì ge lǎo diàn yǐng.
나 찾는 전화 있었어? 0263	有电话找我吗？ Yǒu diàn huà zhǎo wǒ ma?
이건 기본 상식이에요. 0264	这是基本常识。 Zhè shì jī běn cháng shí.
아침에 회의 있어. 0265	我早上有个会。 Wǒ zǎo shang yǒu ge huì.
그가 얼마나 더 살 수 있나요? 0266	他还能活多久？ Tā hái néng huó duō jiǔ?
소리 질러서 목이 쉬었어. 0267	嗓子都喊哑了。 Sǎng zi dōu hǎn yǎ le.
그는 밥을 제때 먹지 않아요. 0268	他不按时吃饭。 Tā bú àn shí chī fàn.
시험 성적이 좋지 않아요. 0269	考试成绩不好。 Kǎo shì chéng jì bù hǎo.
목욕물이 너무 뜨거워요. 0270	洗澡水太烫了。 Xǐ zǎo shuǐ tài tàng le.

저는 평소에 운전을 하지 않아요.
0271

我平时不开车。
Wǒ píng shí bù kāi chē.

비키니 입고 싶어요.
0272

我想穿比基尼。
Wǒ xiǎng chuān bǐ jī ní.

모기가 나만 물어요.
0273

蚊子总爱咬我。
Wén zi zǒng ài yǎo wǒ.

그녀는 나의 절친이에요.
0274

她是我的闺蜜。
Tā shì wǒ de guī mì.

그는 신발끈을 묶을 줄 몰라요.
0275

他不会系鞋带。
Tā bú huì jì xié dài.

이거 누가 부른 노래야?
0276

这是谁唱的歌?
Zhè shì shéi chàng de gē?

이것은 친환경 식품이에요.
0277

这是绿色食品。
Zhè shì lǜ sè shí pǐn.

오늘은 여기까지 할게요.
0278

今天到此为止。
Jīn tiān dào cǐ wéi zhǐ.

누가 먼저 대답할래요?
0279

谁先回答一下?
Shéi xiān huí dá yí xià?

응시료가 너무 비싸요.
0280

考试费太贵了。
Kǎo shì fèi tài guì le.

五字 | 六字 | 七字 | 八字 | 九字 | 十字

201～400句 **51**

Day 8

그 수업은 어땠어요? 0281	那门课怎么样？ Nà mén kè zěn me yàng?
그 수업 지루해요. 0282	那门课很无聊。 Nà mén kè hěn wú liáo.
이건 단지 내가 추측해 본 거야. 0283	这只是我猜的。 Zhè zhǐ shì wǒ cāi de.
시금치에는 영양이 많아요. 0284	菠菜很有营养。 Bō cài hěn yǒu yíng yǎng.
수수료가 얼마인가요? 0285	手续费是多少？ Shǒu xù fèi shì duō shao?
이사하는 데 얼마 듭니까? 0286	搬家要多少钱？ Bān jiā yào duō shao qián?
누가 이길 것 같아요? 0287	你觉得谁会赢？ Nǐ jué de shéi huì yíng?
블랙은 뚱뚱해 보이지 않아요. 0288	黑色的不显胖。 Hēi sè de bù xiǎn pàng.
이것은 누구의 작품인가요? 0289	这是谁的作品？ Zhè shì shéi de zuò pǐn?
영화 몇 시에 시작해? 0290	电影几点开始？ Diàn yǐng jǐ diǎn kāi shǐ?

저는 서울에서 태어났어요.
0291

我在首尔出生。
Wǒ zài Shǒu ěr chū shēng.

난 운명을 믿지 않아요.
0292

我不相信命运。
Wǒ bù xiāng xìn mìng yùn.

단결이 곧 힘이에요.
0293

团结就是力量。
Tuán jié jiù shì lì liang.

집까지 배달되나요?
0294

能送货上门吗?
Néng sòng huò shàng mén ma?

뭐가 그렇게 웃겨요?
0295

有什么好笑的?
Yǒu shén me hǎo xiào de?

너무 가식적으로 굴지 마요.
0296

不要太做作了。
Bú yào tài zuò zuò le.

그 사람 정말 매너남이에요.
0297

他真的很绅士。
Tā zhēn de hěn shēn shì.

그런대로 아직 쓸만해.
0298

凑合着还能用。
Còu he zhe hái néng yòng.

이런 우연이 다 있네.
0299

不会这么巧吧!
Bú huì zhè me qiǎo ba!

벼락부자가 되고 싶어요.
0300

我想一夜暴富。
Wǒ xiǎng yí yè bào fù.

五字
六字
七字
八字
九字
十字

돈 있는 사람이 형님이죠. 0301	有钱就是大爷。 Yǒu qián jiù shì dà yé.
너는 양심이 있기는 하냐? 0302	你有没有良心？ Nǐ yǒu méi yǒu liáng xīn?
걔 좀 뒤끝 있어. 0303	他有点儿记仇。 Tā yǒu diǎnr jì chóu.
그는 예스맨이에요. 0304	他是个老好人。 Tā shì ge lǎo hǎo rén.
너는 정말 골초야. 0305	你真是个烟鬼。 Nǐ zhēn shì ge yān guǐ.
내일이 결승전이에요. 0306	明天就决赛了。 Míng tiān jiù jué sài le.
나 데이터 다 썼어. 0307	我流量用完了。 Wǒ liú liàng yòng wán le.
머리가 더 이상 안 돌아가. 0308	脑子转不动了。 Nǎo zi zhuàn bu dòng le.
외모로만 사람을 평가하면 안 돼. 0309	不能以貌取人。 Bù néng yǐ mào qǔ rén.
엄마가 맨날 결혼하라고 난리야. 0310	我妈天天催婚。 Wǒ mā tiān tiān cuī hūn.

당신 생각대로 하세요.
0311
按你的想法来。
Àn nǐ de xiǎng fǎ lái.

그가 말한 대로 하세요.
0312
按照他说的做。
Àn zhào tā shuō de zuò.

왜 또 변덕이야?
0313
怎么又变卦了？
Zěn me yòu biàn guà le?

포도를 깨끗이 씻지 않았어요.
0314
葡萄没洗干净。
Pú táo méi xǐ gān jìng.

말로만 감사하지 마세요.
0315
别光用嘴感谢。
Bié guāng yòng zuǐ gǎn xiè.

그는 일만 좋아해요.
0316
他只喜欢工作。
Tā zhǐ xǐ huan gōng zuò.

말이 많은 것보다 적은 것이 낫죠.
0317
话多不如话少。
Huà duō bù rú huà shǎo.

당신은 즐겁지 않은 것 같아요.
0318
你好像不开心。
Nǐ hǎo xiàng bù kāi xīn.

너 만으로 몇 살이야?
0319
你周岁多大了？
Nǐ zhōu suì duō dà le?

마흔 살처럼 안 보여요.
0320
你不像四十岁。
Nǐ bú xiàng sì shí suì.

五字 六字 七字 八字 九字 十字

Day 9

그는 3개 국어를 할 줄 알아요.
0321
他会三种语言。
Tā huì sān zhǒng yǔ yán.

나 혓바닥 데였어.
0322
我烫着舌头了。
Wǒ tàng zhe shé tou le.

밥먹고 트림 좀 하지 마.
0323
不要饭后打嗝。
Bú yào fàn hòu dǎ gé.

제 병은 고칠 수 있는 건가요?
0324
我的病能治吗？
Wǒ de bìng néng zhì ma?

왜 자꾸 기침을 해요?
0325
你怎么老咳嗽？
Nǐ zěn me lǎo ké sou?

된장찌개 다 됐어.
0326
大酱汤做好了。
Dà jiàng tāng zuò hǎo le.

그는 이미 한물갔어요.
0327
他已经过气了。
Tā yǐ jīng guò qì le.

그는 연기 정말 못해요.
0328
他演技特别差。
Tā yǎn jì tè bié chà.

난 그 사람 팬이야.
0329
我是他的粉丝。
Wǒ shì tā de fěn sī.

나 흰머리 생겼어.
0330
我长白头发了。
Wǒ zhǎng bái tóu fa le.

그는 찬물로 목욕하는 걸 좋아해.	他爱洗凉水澡。 Tā ài xǐ liáng shuǐ zǎo.
나 군대 가.	我要去当兵了。 Wǒ yào qù dāng bīng le.
너 신발 끈 풀렸어.	你的鞋带开了。 Nǐ de xié dài kāi le.
나 임신한 것 같아.	我好像怀孕了。 Wǒ hǎo xiàng huái yùn le.
출석 부를게요.	现在开始点名。 Xiàn zài kāi shǐ diǎn míng.
등록금 낼 형편이 안 돼요.	我交不起学费。 Wǒ jiāo bu qǐ xué fèi.
꽃 받아본 적 있어요?	你收到过花吗？ Nǐ shōu dào guo huā ma?
옷이 비치네요.	你穿得太透了。 Nǐ chuān de tài tòu le.
우리 다른 거 먹자!	我们吃别的吧！ Wǒ men chī bié de ba!
계획적으로 일을 해야 돼요.	做事要有计划。 Zuò shì yào yǒu jì huà.

좋은 결과 있길 바래.	希望有好结果。 Xī wàng yǒu hǎo jié guǒ.
너 정말 칼퇴근한다.	你下班真准时。 Nǐ xià bān zhēn zhǔn shí.
우리 남편 대머리 됐어.	我老公秃顶了。 Wǒ lǎo gōng tū dǐng le.
나 상사한테 욕 먹었어.	我被上司骂了。 Wǒ bèi shàng si mà le.
이건 스팸문자야.	这是垃圾短信。 Zhè shì lā jī duǎn xìn.
오늘 무슨 회의해요?	今天开什么会？ Jīn tiān kāi shén me huì?
별일 없죠?	没什么事儿吧？ Méi shén me shìr ba?
별일 다 보네요!	什么事都有啊！ Shén me shì dōu yǒu a!
걔 게임중독이야.	他游戏中毒了。 Tā yóu xì zhòng dú le.
컴퓨터에 글씨가 깨져서 나와.	电脑全乱码了。 Diàn nǎo quán luàn mǎ le.

너 USB 가져왔어? 0351	你带优盘了吗？ Nǐ dài yōu pán le ma?
왠지 좀 이상해요. 0352	有点儿不对劲。 Yǒu diǎnr bú duì jìn.
두 사람 완전히 붕어빵이에요. 0353	他俩一模一样。 Tā liǎ yì mú yí yàng.
너 왜 핸드폰 꺼져 있어? 0354	你为什么关机？ Nǐ wèi shén me guān jī?
우리 텔레파시가 통했나 보다. 0355	我们心有灵犀。 Wǒ men xīn yǒu líng xī.
내 돈 얼마든지 써도 돼. 0356	我的钱尽管用。 Wǒ de qián jǐn guǎn yòng.
이 할아버지는 패셔니스타야. 0357	这个爷爷很潮。 Zhè ge yé ye hěn cháo.
저의 사장님 성은 김씨입니다. 0358	我的老板姓金。 Wǒ de lǎo bǎn xìng Jīn.
내일 너 올 수 있어? 0359	明天你能来吗？ Míng tiān nǐ néng lái ma?
정말 어색해 죽겠어요. 0360	真是尴尬死了。 Zhēn shi gān gà sǐ le.

五字 六字 七字 八字 九字 十字

Day 10

나는 숫자 8을 좋아해. 0361	我喜欢数字8。 Wǒ xǐ huan shù zì bā.
이번 달 말 이전에 돌려줘. 0362	月底之前还我。 Yuè dǐ zhī qián huán wǒ.
나 좀 울고 싶어요. 0363	我有点儿想哭。 Wǒ yǒu diǎnr xiǎng kū.
이어폰을 빼세요! 0364	你把耳机摘下! Nǐ bǎ ěr jī zhāi xià!
일에 진전이 없어요. 0365	事情没有进展。 Shì qing méi yǒu jìn zhǎn.
격려해 주셔서 감사합니다. 0366	谢谢你的鼓励。 Xiè xie nǐ de gǔ lì.
너한테 3일 동안의 시간을 줄게. 0367	给你三天时间。 Gěi nǐ sān tiān shí jiān.
오늘 저녁 반찬이 많네요. 0368	今晚菜很丰盛。 Jīn wǎn cài hěn fēng shèng.
이러니까 어찌나 쑥쑤하던지! 0369	这样多尴尬啊! Zhè yàng duō gān gà a!
봉지가 찢어진 것 같아. 0370	袋子好像破了。 Dài zi hǎo xiàng pò le.

이것들은 안 가져가도 돼. 0371	这些不用带了。 Zhè xiē bú yòng dài le.
나 지금 한가해. 0372	我现在闲着呢。 Wǒ xiàn zài xián zhe ne.
내 젓가락이 떨어졌어. 0373	我的筷子掉了。 Wǒ de kuài zi diào le.
너는 답을 잘못 골랐어. 0374	你选错答案了。 Nǐ xuǎn cuò dá àn le.
오늘 기다린 보람이 있네. 0375	我今天没白等。 Wǒ jīn tiān méi bái děng.
너희 진짜 닭살이다! 0376	你们好肉麻呀! Nǐ men hǎo ròu má ya!
걔 피곤해서 병났대. 0377	听说他累病了。 Tīng shuō tā lèi bìng le.
이번이 마지막이야. 0378	这是最后一次。 Zhè shì zuì hòu yí cì.
할 말 있으면 빨리 말해! 0379	你有话就快说! Nǐ yǒu huà jiù kuài shuō!
네가 내 마음을 제일 잘 알아. 0380	你最懂我的心。 Nǐ zuì dǒng wǒ de xīn.

五字 六字 七字 八字 九字 十字

201〜400句 61

생각보다 비싸네요.	比想象的要贵。 Bǐ xiǎng xiàng de yào guì.
사랑이 그녀를 변화시켰어요.	爱情改变了她。 Ài qíng gǎi biàn le tā.
일기예보가 안 맞아요.	天气预报不准。 Tiān qì yù bào bù zhǔn.
그의 치아가 정말 하얘요.	他的牙齿很白。 Tā de yá chǐ hěn bái.
빨래 넌다는 걸 깜박했어요.	我忘了晒衣服。 Wǒ wàng le shài yī fu.
그녀는 지금 출산휴가 중이에요.	她正在休产假。 Tā zhèng zài xiū chǎn jià.
나 좀 궁금해.	我有点儿好奇。 Wǒ yǒu diǎnr hào qí.
이것은 별개의 일이야.	这是两码事儿。 Zhè shì liǎng mǎ shìr.
어리숙하게 굴지 마.	你别傻乎乎的。 Nǐ bié shǎ hū hū de.
내가 사과한다고 소용 있어?	我道歉有用吗? Wǒ dào qiàn yǒu yòng ma?

기꺼이 널 도와줄게.	我很乐意帮你。
0391	Wǒ hěn lè yì bāng nǐ.

당신의 결정에 달려 있어요.	在于你的决定。
0392	Zài yú nǐ de jué dìng.

내가 한 말 취소할게.	我收回我的话。
0393	Wǒ shōu huí wǒ de huà.

농담할 기분 아니야.	没心情开玩笑。
0394	Méi xīn qíng kāi wán xiào.

아무 걱정하지 마세요.	什么都别担心。
0395	Shén me dōu bié dān xīn.

방이 쓰레기장 같아.	房间像垃圾场。
0396	Fáng jiān xiàng lā jī chǎng.

이번 달에 휴가를 내고 싶은데요.	这个月想休假。
0397	Zhè ge yuè xiǎng xiū jià.

카드로 결제할게요.	我要用卡结账。
0398	Wǒ yào yòng kǎ jié zhàng.

오늘 숙제 있어요?	今天有作业吗？
0399	Jīn tiān yǒu zuò yè ma?

빈혈이 좀 있어요.	我有点儿贫血。
0400	Wǒ yǒu diǎnr pín xuè.

五字 六字 七字 八字 九字 十字

확! 꽂히는 중국어 — "단어는 총알이다"

吵架 [chǎojià]
동 다투다. 말다툼하다.

管 [guǎn]
동 간섭하다. 관여하다.

责任 [zérèn]
명 책임.

负 [fù]
동 (책임을) 지다.

学长 [xuézhǎng]
명 선배.

合不来 [hébùlái]
동 마음이[손발이] 맞지 않다.

天才 [tiāncái]
명 천재.

不幸 [búxìng]
명,형 불행(하다).

万幸 [wànxìng]
명,형 천만다행(이다).

赚 [zhuàn]
동 벌다. 이윤을 얻다. 이익을 보다.

必要 [bìyào]
명,형 필요(하다).

年纪 [niánjì]
명 나이.

蛋糕 [dàngāo]
명 케이크.

长肉 [zhǎngròu]
동 살이 찌다.

假话 [jiǎhuà]
명 거짓말.

生 [shēng]
동 낳다.

一步 [yíbù]
명 일보. 한 걸음. 한 단계.

躲 [duǒ]
동 숨다. 피하다.

缘分 [yuánfèn]
명 인연. 연분.

早晚 [zǎowǎn]
부 조만간.

唠叨 [láodao]
동 잔소리하다.

点 [diǎn]
동 주문하다.

到处 [dàochù]
명 가는 곳. 곳곳.

后悔 [hòuhuǐ]
명,동 후회(하다).

白 [bái]
부 헛되이. 쓸데없이. 보람 없이.

改变 [gǎibiàn]
동 변하다. 바뀌다. 달라지다. 바꾸다.

垃圾桶 [lājītǒng]
명 쓰레기통.

满 [mǎn]
형 가득하다. 가득 차 있다.

顾客 [gùkè]
명 고객.

上帝 [shàngdì]
명 하느님. 제왕.

尝 [cháng]
동 맛보다.

柿子 [shìzi]
명 감.

熟 [shú]
형 (과일·곡식 따위가) 익다. 여물다.

牙膏 [yágāo]
명 치약.

必须 [bìxū]
부 반드시 …해야 한다. 꼭 …해야 한다.

干杯 [gānbēi]
동 건배하다. 잔을 비우다.

抱怨 [bàoyuàn]
동 원망을 품다. 원망하다.

眼前 [yǎnqián]
명 눈앞.

消失 [xiāoshī]
동 사라지다. 없어지다. 소실하다.

缺 [quē]
동 모자라다.

名气 [míngqi]
명 명성. 평판.

果然 [guǒrán]
부 과연. 생각한 대로.

吹 [chuī]
동 허풍을 떨다.

强 [qiáng]
형 우월하다. 좋다. [주로 비교에 쓰임]

消息 [xiāoxi]
명 소식.

容易 [róngyì]
형 ~하기 일쑤다. ~하기 쉽다.

感动 [gǎndòng]
동 감동하다. 감동시키다.

化妆 [huàzhuāng]
동 화장하다.

浓 [nóng]
형 진하다. 짙다.

全身 [quánshēn]
명 전신. 온몸.

避暑 [bìshǔ]
동 피서하다. 더위를 피하다.

车厢 [chēxiāng]
명 (열차의) 객실이나 수화물칸.

公里 [gōnglǐ]
양사 킬로미터(km).

泡面 [pàomiàn]
명 라면. 컵라면.

基本 [jīběn]
형 기본의. 기본적인. 근본적인.

常识 [chángshí]
명 상식.

嗓子 [sǎngzi]
명 목(구멍). 목소리. 목청.

喊哑 [hǎnyǎ]
동 소리를 질러 목이 쉬다.

按时 [ànshí]
부 제때에. 제시간에.

成绩 [chéngjì]
명 성적.

洗澡水 [xǐzǎoshuǐ]
명 목욕물.

烫 [tàng]
형 (지나치게) 뜨겁다.

比基尼 [bǐjīní]
명 비키니.

蚊子 [wénzi]
명 모기.

咬 [yǎo]
동 물다.

闺蜜 [guīmì]
명 (여자끼리의) 매우 친한 친구.

확! 꽂히는 중국어   "단어는 총알이다"

系 [jì]
동 매다. 묶다.

鞋带 [xiédài]
명 구두끈. 신발끈.

绿色食品 [lǜsèshípǐn]
명 녹색 식품. 유기농제품.

回答 [huídá]
동 대답하다. 회답하다.

无聊 [wúliáo]
형 무료하다. 지루하다. 심심하다.

猜 [cāi]
동 추측해서 풀다. 추측하다. 알아맞히다.

菠菜 [bōcài]
명 시금치.

营养 [yíngyǎng]
명 영양.

手续费 [shǒuxùfèi]
명 수속비. 수속료.

搬家 [bānjiā]
동 이사하다. 이전하다. 집을 옮기다.

赢 [yíng]
동 이기다.

显 [xiǎn]
동 보이다. 나타내다. 드러내다.

作品 [zuòpǐn]
명 작품.

首尔 [Shǒu'ěr]
명 서울.

出生 [chūshēng]
동 출생하다.

命运 [mìngyùn]
명 운명.

团结 [tuánjié]
명 단결.

力量 [lìliang]
명 힘.

送货上门 [sònghuò shàngmén]
동 집까지 배달하다.

好笑 [hǎoxiào]
형 우습다. 가소롭다.

做作 [zuòzuò]
동 가식적이다. (꾸며서) 부자연스럽다.

绅士 [shēnshì]
형 신사적이다.

凑合 [còuhe]
동 임시변통하다. 아쉬운 대로 지내다.

巧 [qiǎo]
형 공교롭다.

暴富 [bàofù]
동 벼락부자가 되다.

大爷 [dàyé]
명 하인이 주인을 높여 이르는 말.

记仇 [jìchóu]
동 앙심을 품다. 뒤끝 있다.

老好人 [lǎohǎorén]
명 무골호인. 원칙이 없이 무엇이나 다 좋다고 하는 사람.

烟鬼 [yānguǐ]
명 골초.

决赛 [juésài]
명 결승전.

流量 [liúliàng]
명 데이터.

脑子 [nǎozi]
명 머리. 두뇌. 기억력.

转 [zhuàn]
동 돌다. 회전하다.

以貌取人 [yǐmàoqǔrén]
성어 용모로 사람을 평가하다.

催 [cuī]
동 재촉하다. 다그치다.

按 [àn]
개사 …에 따라서. …대로.

按照 [ànzhào]
개사 …에 따라. …대로.

变卦 [biànguà]
동 마음을 바꾸다.

葡萄 [pútáo]
명 포도.

干净 [gānjìng]
형 깨끗하다. 깔끔하다.

光 [guāng]
부 다만. 오직.

嘴 [zuǐ]
명 입. 말.

不如 [bùrú]
동 …만 못하다. …하는 편이 낫다.

周岁 [zhōusuì]
명 한 돌.

语言 [yǔyán]
명 언어.

舌头 [shétou]
명 혀.

打嗝 [dǎgé]
동 딸꾹질하다. 트림하다.

治 [zhì]
동 치료하다. 고치다.

咳嗽 [késou]
명,동 기침(하다).

大酱汤 [dàjiàngtāng]
명 된장찌개.

过气 [guòqì]
동 인기를 잃다. 한물가다.

演技 [yǎnjì]
명 연기.

差 [chà]
형 나쁘다. 좋지 않다.

粉丝 [fěnsī]
명 'fans'의 음역어.

白头发 [báitóufa]
명 흰머리.

凉水澡 [liángshuǐzǎo]
명 냉욕.

当兵 [dāngbīng]
동 군인이 되다. 군대에 가다.

怀孕 [huáiyùn]
동 임신하다.

点名 [diǎnmíng]
동 출석을 부르다.

交 [jiāo]
동 넘기다. 내다. 제출하다.

学费 [xuéfèi]
명 학비. 수업료.

收到 [shōudào]
동 받다. 수령하다.

透 [tòu]
형 스며들다. 침투하다. 통과하다.

计划 [jìhuà]
명,동 계획(하다).

希望 [xīwàng]
동 희망하다. 바라다.

结果 [jiéguǒ]
명 결실. 결과.

단어 확! 꽂히는 중국어 "단어는 총알이다"

准时 [zhǔnshí]
명 정확한 시간. 정각.

老公 [lǎogōng]
명 남편.

秃顶 [tūdǐng]
동 머리가 벗겨지다.

上司 [shàngsi]
명 상사.

骂 [mà]
동 욕하다. 질책하다. 꾸짖다.

垃圾短信 [lājīduǎnxìn]
명 스팸 문자 메시지.

游戏 [yóuxì]
명 게임.

中毒 [zhòngdú]
동 중독되다.

乱码 [luànmǎ]
명 (컴퓨터 등에서의) 깨진 글자.

优盘 [yōupán]
명 이동식 저장 디스크(USB).

对劲 [duìjìn]
동 정상적이다.

一模一样 [yìmúyíyàng]
성어 모양이 완전히 같다[닮았다].

心有灵犀 [xīnyǒulíngxī]
성어 마음이 통하다. 텔레파시가 통하다.

尽管 [jǐnguǎn]
부 얼마든지. 마음 놓고.

潮 [cháo]
동 유행하다.

老板 [lǎobǎn]
명 사장. 주인.

尴尬 [gāngà]
형 (입장 따위가) 난처하다. 어색하다.

数字 [shùzì]
명 숫자.

月底 [yuèdǐ]
명 월말.

之前 [zhīqián]
명 …의 앞. …의 전.

哭 [kū]
동 울다.

耳机 [ěrjī]
명 이어폰.

摘 [zhāi]
동 벗다. 벗기다.

进展 [jìnzhǎn]
명,동 진전(하다).

鼓励 [gǔlì]
동 격려하다.

丰盛 [fēngshèng]
형 풍부하다. 성대하다.

袋子 [dàizi]
명 주머니. 자루. 포대. 봉투.

破 [pò]
동 찢어지다. 찢다. 해지다. 파손되다.

闲 [xián]
형 한가하다. 할 일이 없다.

筷子 [kuàizi]
명 젓가락.

掉 [diào]
동 (아래로) 떨어지다. 떨어뜨리다.

选 [xuǎn]
동 고르다. 뽑다. 선택하다.

答案 [dá'àn]
명 답안. 해답.

肉麻 [ròumá]
형 징그럽다. 낯간지럽다.

累 [lèi]
형 지치다. 피로하다. 피곤하다.

懂 [dǒng]
동 알다. 이해하다.

想象 [xiǎngxiàng]
동 상상하다.

爱情 [àiqíng]
명 (주로 남녀간의) 애정.

天气预报 [tiānqìyùbào]
명 일기 예보.

准 [zhǔn]
형 정확하다. 확실하다.

牙齿 [yáchǐ]
명 이. 치아.

晒 [shài]
동 햇볕을 쬐다. 햇볕에 말리다.

产假 [chǎnjià]
명 출산 휴가.

两码事儿 [liǎngmǎshìr]
명 서로 무관한 일.

傻乎乎 [shǎhūhū]
형 멍청하다. 맹하다.

乐意 [lèyì]
동 (…하는 것을) 즐겁게 여기다.

在于 [zàiyú]
동 …에 있다. …에 달려 있다.

收回 [shōuhuí]
동 (의견·제의·명령 따위를) 취소하다. 철회하다.

担心 [dānxīn]
동 염려하다. 걱정하다.

垃圾场 [lājīchǎng]
명 쓰레기장.

休假 [xiūjià]
동 휴가를 내다. 휴가를 보내다.

结账 [jiézhàng]
동 계산하다.

作业 [zuòyè]
명 숙제. 과제.

贫血 [pínxuè]
명 빈혈.

팁 패턴이 문법보다 빠르다

没必要 … ~할 필요 없어.

덩어리로 외우세요!!

没必要买。 méi bì yào mǎi. 살 필요 없어.	没必要这么做。 méi bì yào zhè me zuò. 이렇게 할 필요 없어.
没必要跟别人比较。 méi bì yào gēn bié rén bǐ jiào. 다른 사람이랑 비교할 필요 없어.	没必要跟他解释。 méi bì yào gēn tā jiě shì. 그에게 해명할 필요 없어.

没有白 … ~한 보람이 있네.

白는 '헛되이. 쓸데없이. 보람 없이'의 의미로 헛되이 ~하지 않았으니 결국 '~한 보람이 있네'로 외워두면 생각의 회전이 더 빨라질 수 있어요.

덩어리로 외우세요!!

我没有白帮你。 Wǒ méi yǒu bái bāng nǐ. 널 도와준 보람이 있네.	我今天没白等。 Wǒ jīn tiān méi bái děng. 오늘 기다린 보람이 있네.
这次没白来。 Zhè cì méi bái lái. 이번에 온 보람이 있네.	我没白教你。 Wǒ méi bái jiāo nǐ. 널 가르친 보람이 있네.

什么都不 …   아무것도 ~ 하지 않아.

덩어리로 외우세요!!

他什么都不缺。 Tā shén me dōu bù quē. 그는 0·무엇도 부족하지 않아.	你什么都别担心。 Nǐ shén me dōu bié dān xīn. 아무것도 걱정하지 마.
他什么都不知道。 Tā shén me dōu bù zhī dào. 그는 아무것도 몰라.	我什么都不想做。 Wǒ shén me dōu bù xiǎng zuò. 아무것도 하고 싶지 않아.

不要再 … 了 = 别再 … 了   그만 좀 ~ 해.

덩어리로 외우세요!!

不要再抱怨了。 bú yào zài bào yuàn le. 그만 좀 원망해.	别再说了。 bié zài shuō le. 그만 말해.
别再睡了。 bié zài shuì le. 그만 좀 자.	别再吃了。 bié zài chī le. 이제 그만 먹어.

不要太 … 了 = 别太 … 了   너무 ~ 하지 마.

덩어리로 외우세요!!

不要太累了。
bú yào tài lèi le.
너무 무리하지 마.

不要太做作了。
bú yào tài zuò zuò le.
너무 가식적으로 굴지 마.

不要太伤心了。
bú yào tài shāng xīn le.
너무 속상해 하지 마.

不要太骄傲了。
bú yào tài jiāo ào le.
너무 건방 떨지 마.

没心情 …   ~ 할 기분 아니야.

덩어리로 외우세요!!

没心情开玩笑。
méi xīn qíng kāi wán xiào.
농담할 기분 아니야.

没心情听你说。
méi xīn qíng tīng nǐ shuō.
너 얘기 들어 줄 기분 아니야.

没心情跟你吃饭。
méi xīn qíng gēn nǐ chī fàn.
너랑 밥 먹을 기분 아니야.

没心情去看电影。
méi xīn qíng qù kàn diàn yǐng.
영화 보러 갈 기분 아니야.

七字

401句~600句

Day 11

인생이 다 그런 거야.
0401

人生都是这样的。
Rén shēng dōu shì zhè yàng de.

나 좀 혼자 있게 해 줘.
0402

让我一个人静静。
Ràng wǒ yí ge rén jìng jing.

네가 무슨 말을 해도 나는 믿어.
0403

你说什么我都信。
Nǐ shuō shén me wǒ dōu xìn.

너가 나한테 물어보면
난 누구한테 물어봐?
0404

你问我，我问谁呀？
Nǐ wèn wǒ, wǒ wèn shéi ya?

맛있다고 많이 먹으면 안 돼.
0405

好吃也不能多吃。
Hǎo chī yě bù néng duō chī.

일이 있으면 전화해.
0406

有事给我打电话。
Yǒu shì gěi wǒ dǎ diàn huà.

소개팅 어땠어?
0407

相亲相得怎么样？
Xiāng qīn xiāng de zěn me yàng?

이것은 좋지 않은 습관이야.
0408

这是不好的习惯。
Zhè shì bù hǎo de xí guàn.

맛있는 거 많이 드세요.
0409

多吃点儿好吃的。
Duō chī diǎnr hǎo chī de.

언제든지 전화 주세요.
0410

随时给我打电话。
Suí shí gěi wǒ dǎ diàn huà.

걔를 쉽게 용서해 주지 마. 0411	不要轻易原谅他。 Bú yào qīng yì yuán liàng tā.
내가 바보인 줄 알아? 0412	你以为我是傻子？ Nǐ yǐ wéi wǒ shì shǎ zi?
고난은 사람을 성장하게 해요. 0413	苦难会使人成长。 Kǔ nàn huì shǐ rén chéng zhǎng.
내 편에 서 줘. 0414	站在我这一边儿。 Zhàn zài wǒ zhè yì biānr.
하루 종일 게임만 하지 마. 0415	别整天打游戏了。 Bié zhěng tiān dǎ yóu xì le.
나는 아주 행복하게 잘 살고 있어요. 0416	我生活得很幸福。 Wǒ shēng huó de hěn xìng fú.
말재간이 좋은 게 무슨 소용 있어? 0417	口才好有什么用？ Kǒu cái hǎo yǒu shén me yòng?
말솜씨가 좋으시네요. 0418	你的口才挺好的。 Nǐ de kǒu cái tǐng hǎo de.
더 이상 못 살겠어. 0419	再也活不下去了。 Zài yě huó bu xià qù le.
네가 말하면 그가 분명히 들을 거야. 0420	你说话他一定听。 Nǐ shuō huà tā yí dìng tīng.

五字 六字 七字 八字 九字 十字

너는 어려서부터 재능이 있었어. 0421	你从小就有才华。 Nǐ cóng xiǎo jiù yǒu cái huá.
지금까지 혼난 적이 없어. 0422	从来没受过批评。 Cóng lái méi shòu guo pī píng.
어젯밤에 깊이 잠들었어요. 0423	我昨晚睡得很沉。 Wǒ zuó wǎn shuì de hěn chén.
내가 그런 사람이야? 0424	我是那样的人吗? Wǒ shì nà yàng de rén ma?
그는 입사한 지 2년이 되었어요. 0425	他进公司两年了。 Tā jìn gōng sī liǎng nián le.
나 어제 늦게 잤어. 0426	我昨天睡得很晚。 Wǒ zuó tiān shuì de hěn wǎn.
누가 너더러 그렇게 늦게 자래? 0427	谁让你那么晚睡? Shéi ràng nǐ nà me wǎn shuì?
나보다 더 잘 아는 사람은 없어. 0428	没有人比我更懂。 Méi yǒu rén bǐ wǒ gèng dǒng.
인신공격하지 마! 0429	别进行人身攻击! Bié jìn xíng rén shēn gōng jī!
언제 깼어? 0430	你什么时候醒的? Nǐ shén me shí hou xǐng de?

그 사람은 성격이 좀 괴팍해요. 0431	他脾气有点儿暴。 Tā pí qi yǒu diǎnr bào.
니가 가서 그 사람한테 직접 말해. 0432	你去跟他当面谈。 Nǐ qù gēn tā dāng miàn tán.
그는 다른 사람을 존중하지 않아. 0433	他太不尊重别人。 Tā tài bù zūn zhòng bié rén.
그럼 나 먼저 집에 갈게. 0434	那我就先回家了。 Nà wǒ jiù xiān huí jiā le.
사람들 다 오면 그때 주문할게요! 0435	人到齐了再点吧! Rén dào qí le zài diǎn ba!
앞으로 그 사람 멀리해! 0436	以后离他远点儿! Yǐ hòu lí tā yuǎn diǎnr!
너 여기 있었어? 0437	原来你在这儿呢。 Yuán lái nǐ zài zhèr ne.
너 정말 걔 말을 믿는 거야? 0438	你还真信他的话? Nǐ hái zhēn xìn tā de huà?
걔가 너 좋아한 지 오래됐어. 0439	他喜欢你好久了。 Tā xǐ huan nǐ hǎo jiǔ le.
너 감동 받은 것 같은데? 0440	你好像被感动了? Nǐ hǎo xiàng bèi gǎn dòng le?

五字 六字 **七字** 八字 九字 十字

Day 12

나는 세계일주를 하고 싶어.
0441

我想走遍全世界。
Wǒ xiǎng zǒu biàn quán shì jiè.

니가 반대해도 소용없어.
0442

你反对也没有用。
Nǐ fǎn duì yě méi yǒu yòng.

그는 지금까지 돈을 벌어 본 적이 없어.
0443

他从来没赚过钱。
Tā cóng lái méi zhuàn guo qián.

내 사과를 받아줘.
0444

请接受我的道歉。
Qǐng jiē shòu wǒ de dào qiàn.

미안하게 생각할 필요 없어.
0445

不用觉得很抱歉。
Bú yòng jué de hěn bào qiàn.

난 이렇게 한 거 후회해.
0446

我很后悔这么做。
Wǒ hěn hòu huǐ zhè me zuò.

맘에 드신다니 다행이네요.
0447

我很高兴你喜欢。
Wǒ hěn gāo xìng nǐ xǐ huan.

올해는 비가 참 많이 왔어요.
0448

今年下了很多雨。
Jīn nián xià le hěn duō yǔ.

반대하시는 분은 손을 드세요.
0449

反对的人请举手。
Fǎn duì de rén qǐng jǔ shǒu.

대기오염이 심각해요.
0450

空气污染很严重。
Kōng qì wū rǎn hěn yán zhòng.

너 너무 아무렇게나 입었어.
0451

你穿得太随便了。
Nǐ chuān de tài suí biàn le.

우리는 그곳을 지나가지 않아요.
0452

我们不经过那儿。
Wǒ men bù jīng guò nàr.

이번 주말에 약속 있어?
0453

这周末你有约吗？
Zhè zhōu mò nǐ yǒu yuē ma?

넌 늘 이렇게 불평만 해.
0454

你总是这样抱怨。
Nǐ zǒng shì zhè yàng bào yuàn.

그의 말은 앞뒤가 맞지 않아.
0455

他的话前后矛盾。
Tā de huà qián hòu máo dùn.

상황이 우리에게 유리해.
0456

情况对我们有利。
Qíng kuàng duì wǒ men yǒu lì.

이 건물은 새로 지은 거야.
0457

这座楼是新盖的。
Zhè zuò lóu shì xīn gài de.

나 혼자 할 수 있어.
0458

我一个人可以的。
Wǒ yí ge rén kě yǐ de.

길에 택시가 없어.
0459

路上没有出租车。
Lù shàng méi yǒu chū zū chē.

중간에 환승할 필요 없어.
0460

中间不需要换车。
Zhōng jiān bù xū yào huàn chē.

五字
六字
七字
八字
九字
十字

하루 있다가 갔어요. 0461	呆了一天就走了。 Dāi le yì tiān jiù zǒu le.
앞의 길이 다니기가 불편해요. 0462	前面的路不好走。 Qián miàn de lù bù hǎo zǒu.
달걀 값이 또 올랐어요. 0463	鸡蛋价格又涨了。 Jī dàn jià gé yòu zhǎng le.
꺼내서 보여줘. 0464	拿出来给我看看。 Ná chū lái gěi wǒ kàn kan.
그날은 이미 선약이 있어요. 0465	那天已经有约了。 Nà tiān yǐ jīng yǒu yuē le.
다 못 먹겠으면 먹지 마. 0466	吃不完就别吃了。 Chī bu wán jiù bié chī le.
그 애는 제 막내아들이에요. 0467	他是我的小儿子。 Tā shì wǒ de xiǎo ér zi.
빨간색이 더 잘 어울려요. 0468	红色的更适合你。 Hóng sè de gèng shì hé nǐ.
그는 패션에 민감해요. 0469	他对时尚很敏感。 Tā duì shí shàng hěn mǐn gǎn.
저는 낙천주의자예요. 0470	我是一个乐天派。 Wǒ shì yí ge lè tiān pài.

미리 예약할 필요 없어요. 0471	没必要提前预约。 Méi bì yào tí qián yù yuē.
그는 차를 문 앞에 주차했어요. 0472	他把车停在门口。 Tā bǎ chē tíng zài mén kǒu.
여러분들이 의견을 많이 내주세요. 0473	请大家多提意见。 Qǐng dà jiā duō tí yì jiàn.
그는 태도가 매우 단호했어요. 0474	他的态度很坚决。 Tā de tài du hěn jiān jué.
널 친구 이상으로는 생각 안 해. 0475	我只把你当朋友。 Wǒ zhǐ bǎ nǐ dàng péng you.
기후가 좀 이상해요. 0476	气候有点儿反常。 Qì hòu yǒu diǎnr fǎn cháng.
지금 주문하면 얼마나 걸려요? 0477	现在点多久能到？ Xiàn zài diǎn duō jiǔ néng dào?
이 문제는 정말 골치 아파요. 0478	这个问题很麻烦。 Zhè ge wèn tí hěn má fan.
우리 같이 사진 찍자! 0479	我们一起合影吧！ Wǒ men yì qǐ hé yǐng ba!
이 음식에 머리카락이 들어 있어요. 0480	这个菜里有头发。 Zhè ge cài lǐ yǒu tóu fa.

五字 六字 七字 八字 九字 十字

Day 13

한 사람 더 올 거에요.

0481

还有一个人要来。
Hái yǒu yí ge rén yào lái.

지금까지 취해 본 적 없어요.

0482

我从来没喝醉过。
Wǒ cóng lái méi hē zuì guo.

난 저게 더 괜찮은 것 같은데.

0483

我觉得那个更好。
Wǒ jué de nà ge gèng hǎo.

일시불로 하실 건가요?

0484

你要一次付清吗？
Nǐ yào yí cì fù qīng ma?

잘 간수하셔야 합니다.

0485

你要好好儿保管。
Nǐ yào hǎo hǎor bǎo guǎn.

내가 가이드 해줄게.

0486

我来当你的导游。
Wǒ lái dāng nǐ de dǎo yóu.

이 차는 거기 안 가요.

0487

这辆车不去那儿。
Zhè liàng chē bú qù nàr.

그의 발음은 정확하지 않아요.

0488

他的发音不正确。
Tā de fā yīn bú zhèng què.

나의 목표는 우승이에요.

0489

我的目标是冠军。
Wǒ de mù biāo shì guàn jūn.

저는 여기 회원이에요.

0490

我是这儿的会员。
Wǒ shì zhèr de huì yuán.

전화번호를 남겨주세요. 0491	请留下电话号码。 Qǐng liú xià diàn huà hào mǎ.
그는 퇴직금으로 생활해요. 0492	他靠退休金生活。 Tā kào tuì xiū jīn shēng huó.
한숨만 쉬면 무슨 소용 있어? 0493	光叹气有什么用？ Guāng tàn qì yǒu shén me yòng?
그는 항상 웃는 얼굴이에요. 0494	他总是面带微笑。 Tā zǒng shì miàn dài wēi xiào.
마침 나 오늘 시간 있어. 0495	正好我今天有空。 Zhèng hǎo wǒ jīn tiān yǒu kòng.
그는 재산을 다 기부했어요. 0496	他把财产都捐了。 Tā bǎ cái chǎn dōu juān le.
내 마음대로 할 수 없어요. 0497	我真的不能做主。 Wǒ zhēn de bù néng zuò zhǔ.
경기할 때 절대 당황하지 마. 0498	比赛时千万别慌。 Bǐ sài shí qiān wàn bié huāng.
이 한자 쓰기 어려워요. 0499	这个汉字很难写。 Zhè ge Hàn zì hěn nán xiě.
얼음물 한 잔 주세요. 0500	请给我一杯冰水。 Qǐng gěi wǒ yì bēi bīng shuǐ.

五字 六字 七字 八字 九字 十字

너희 두 사람 각자 한 발씩 양보해. 0501	你们俩各让一步。 Nǐ men liǎ gè ràng yí bù.
당신의 성격이 부러워요. 0502	我羡慕你的性格。 Wǒ xiàn mù nǐ de xìng gé.
하나도 안 변했네요. 0503	你一点儿也没变。 Nǐ yì diǎnr yě méi biàn.
다음 주에 결혼해요. 0504	我下周就结婚了。 Wǒ xià zhōu jiù jié hūn le.
이건 선의의 거짓말이에요. 0505	这是善意的谎言。 Zhè shì shàn yì de huǎng yán.
매일 이곳을 지나가요. 0506	我每天经过这里。 Wǒ měi tiān jīng guò zhè lǐ.
밥을 제시간에 안 먹는 건 안 좋아. 0507	不按时吃饭不好。 Bú àn shí chī fàn bù hǎo.
공무원시험에 합격했어요. 0508	我考上公务员了。 Wǒ kǎo shàng gōng wù yuán le.
너무 큰 부담 갖지 마세요. 0509	别有太大的负担。 Bié yǒu tài dà de fù dān.
그의 어머니는 연세가 많으세요. 0510	他母亲年纪大了。 Tā mǔ qīn nián jì dà le.

헤어졌어도 친구예요.
0511

分手了也是朋友。
Fēn shǒu le yě shì péng you.

내가 커피 한 잔 타줄게요.
0512

我帮你冲杯咖啡。
Wǒ bāng nǐ chōng bēi kā fēi.

요즘 머리가 자꾸 빠져.
0513

我最近总掉头发。
Wǒ zuì jìn zǒng diào tóu fa.

넌 화장 안 하는 게 더 예뻐.
0514

你不化妆更漂亮。
Nǐ bú huà zhuāng gèng piào liang.

비가 와서 많이 시원해졌어요.
0515

下了雨凉快多了。
Xià le yǔ liáng kuai duō le.

보기엔 멀쩡해요.
0516

看起来挺正常的。
Kàn qǐ lái tǐng zhèng cháng de.

알면서 왜 물어봐요?
0517

你怎么明知故问？
Nǐ zěn me míng zhī gù wèn?

그냥 없던 걸로 칩시다.
0518

就当没发生过吧。
Jiù dàng méi fā shēng guo ba.

체면 때문에 생고생하네요.
0519

死要面子活受罪。
Sǐ yào miàn zi huó shòu zuì.

그냥 물어본 거예요.
0520

我只是随便问问。
Wǒ zhǐ shì suí biàn wèn wen.

五字
六字
七字
八字
九字
十字

401～600句

Day 14

사장님 핵 사이다예요.
0521

老板超级爽快的。
Lǎo bǎn chāo jí shuǎng kuai de.

빈손으로 갈 수는 없잖아요!
0522

不能空着手去吧!
Bù néng kōng zhe shǒu qù ba!

그가 널 푸대접하지는 않을 거야.
0523

他不会亏待你的。
Tā bú huì kuī dài nǐ de.

머리가 터질 것 같아요.
0524

感觉脑子要炸了。
Gǎn jué nǎo zi yào zhà le.

내가 하자는 대로 할 거 아니면 가.
0525

不听我的就滚蛋。
Bù tīng wǒ de jiù gǔn dàn.

운동 안 한 지 한참 되었어요.
0526

我好久没运动了。
Wǒ hǎo jiǔ méi yùn dòng le.

난 머리카락이 빨리 자라.
0527

我头发长得很快。
Wǒ tóu fa zhǎng de hěn kuài.

기분전환 좀 하려고요.
0528

我想换一下心情。
Wǒ xiǎng huàn yí xià xīn qíng.

그녀는 자신을 꾸밀 줄 몰라요.
0529

她不会打扮自己。
Tā bú huì dǎ ban zì jǐ.

그는 나보다 나를 더 잘 알아요.
0530

他比我还了解我。
Tā bǐ wǒ hái liǎo jiě wǒ.

대부분 사람들은 다 똑같아요. 0531	大部分人都一样。 Dà bù fen rén dōu yí yàng.
잘생긴 게 뭐가 잘못이야? 0532	长得帅有什么错？ Zhǎng de shuài yǒu shén me cuò?
안 바쁠 때가 없어요. 0533	没有不忙的时候。 Méi yǒu bù máng de shí hou.
하루에 물을 몇 잔 마시나요? 0534	你每天喝几杯水？ Nǐ měi tiān hē jǐ bēi shuǐ?
현실을 받아들여야 돼요. 0535	你应该接受现实。 Nǐ yīng gāi jiē shòu xiàn shí.
우리는 사이좋게 지내요. 0536	我们相处得很好。 Wǒ men xiāng chǔ de hěn hǎo.
누구와 가장 말이 잘 통하니? 0537	你跟谁最谈得来？ Nǐ gēn shéi zuì tán de lái?
한 치수 큰 것 있나요? 0538	有没有大一号的？ Yǒu méi yǒu dà yí hào de?
누구나 부자가 되고 싶어 해요. 0539	谁都想成为富人。 Shéi dōu xiǎng chéng wéi fù rén.
난 캐주얼 차림을 좋아해요. 0540	我喜欢穿休闲的。 Wǒ xǐ huan chuān xiū xián de.

五字　六字　七字　八字　九字　十字

과연 예상한 대로야.	果然不出我所料。 Guǒ rán bù chū wǒ suǒ liào.
오늘 화장을 연하게 했네요.	今天化了个淡妆。 Jīn tiān huà le ge dàn zhuāng.
이걸 반 나눠줄게요.	这个分给你一半。 Zhè ge fēn gěi nǐ yí bàn.
정말 멘붕이야.	我真的是崩溃了。 Wǒ zhēn de shì bēng kuì le.
언어를 공부하는 데 마음이 조급해서는 안 돼요.	学语言不能心急。 Xué yǔ yán bù néng xīn jí.
그는 나를 만만하게 생각해요.	他觉得我好欺负。 Tā jué de wǒ hǎo qī fu.
너 맨붕 온 거야?	你是不是很崩溃？ Nǐ shì bu shì hěn bēng kuì?
그는 기분 좋게 집으로 돌아갔어요.	他高兴地回家了。 Tā gāo xìng de huí jiā le.
피부 관리는 어떻게 하세요?	你怎么保养皮肤？ Nǐ zěn me bǎo yǎng pí fū?
그는 나의 이상형이에요.	他是我的理想型。 Tā shì wǒ de lǐ xiǎng xíng.

이 상자는 비어 있어요.
0551

这个盒子是空的。
Zhè ge hé zi shì kōng de.

고향이 어디세요?
0552

你的老家在哪儿？
Nǐ de lǎo jiā zài nǎr?

어느 대학 나왔어? 어느 대학 다녀?
0553

你是哪个大学的？
Nǐ shì nǎ ge dà xué de?

근처에 현금인출기가 있나요?
0554

附近有取款机吗？
Fù jìn yǒu qǔ kuǎn jī ma?

이 바지 너무 작아요.
0555

这条裤子太小了。
Zhè tiáo kù zi tài xiǎo le.

이 옷 환불할 수 있나요?
0556

这件衣服能退吗？
Zhè jiàn yī fu néng tuì ma?

그곳의 경치가 아름다워요.
0557

那儿的景色很美。
Nàr de jǐng sè hěn měi.

그는 어느 병실에 입원해 있나요?
0558

他住在哪间病房？
Tā zhù zài nǎ jiān bìng fáng?

보통 사람들은 그를 못 이겨요.
0559

一般人赢不了他。
Yì bān rén yíng bu liǎo tā.

내가 계란프라이 해줄게.
0560

我给你煎个鸡蛋。
Wǒ gěi nǐ jiān ge jī dàn.

五字
六字
七字
八字
九字
十字

Day 15

여기는 주차불가입니다. 0561	这儿不允许停车。 Zhèr bù yǔn xǔ tíng chē.
누가 너더러 그렇게 많이 먹으래? 0562	谁让你吃那么多？ Shéi ràng nǐ chī nà me duō?
이 빵에 곰팡이 폈어요. 0563	这个面包长毛了。 Zhè ge miàn bāo zhǎng máo le.
이 김치찌개 맛 좀 봐봐. 0564	你尝尝这泡菜汤。 Nǐ cháng chang zhè pào cài tāng.
다리가 왜 까졌니? 0565	你的腿怎么破了？ Nǐ de tuǐ zěn me pò le?
그는 요즘 살이 많이 빠졌어요. 0566	他最近瘦了很多。 Tā zuì jìn shòu le hěn duō.
돈이 가장 중요한 것은 아니에요. 0567	钱不是最重要的。 Qián bú shì zuì zhòng yào de.
다른 길로 갑시다! 0568	我们换别的路吧！ Wǒ men huàn bié de lù ba!
요즘 공기가 건조해요. 0569	最近空气很干燥。 Zuì jìn kōng qì hěn gān zào.
어떤 전공을 신청할 건가요? 0570	你想报什么专业？ Nǐ xiǎng bào shén me zhuān yè?

이 영화 너무 야해.	这部电影太黄了。
0571	Zhè bù diàn yǐng tài huáng le.

내 여자친구가 나보다 나이 많아.	我女朋友比我大。
0572	Wǒ nǚ péng you bǐ wǒ dà.

지금은 여행 비수기예요.	现在是旅游淡季。
0573	Xiàn zài shì lǚ yóu dàn jì.

야근은 다반사에요.	加班是家常便饭。
0574	Jiā bān shì jiā cháng biàn fàn.

요즘 경기가 안 좋아요.	最近经济不景气。
0575	Zuì jìn jīng jì bù jǐng qì.

거기 학원비가 얼마인가요?	那儿学费多少钱?
0576	Nàr xué fèi duō shao qián?

시험 문제가 너무 어려웠어요.	考试问题太难了。
0577	Kǎo shì wèn tí tài nán le.

걘 늘 잔머리를 굴린다니까.	他总是耍小聪明。
0578	Tā zǒng shì shuǎ xiǎo cōng ming.

프린트기에 또 종이가 걸렸어.	打印机又卡纸了。
0579	Dǎ yìn jī yòu kǎ zhǐ le.

파일 용량이 너무 커요.	文件容量太大了。
0580	Wén jiàn róng liàng tài dà le.

五字 六字 七字 八字 九字 十字

시간이 모든 것을 증명할 거예요.	时间会证明一切。
0581	Shí jiān huì zhèng míng yí qiè.

그냥 넘어갈 수 없어요.	不能就这么算了。
0582	Bù néng jiù zhè me suàn le.

그런 일은 절대 없었어요.	绝对没有这回事。
0583	Jué duì méi yǒu zhè huí shì.

스팸메일 또 왔어.	又来了垃圾邮件。
0584	Yòu lái le lā jī yóu jiàn.

이 사이트가 안 열려요.	这个网站打不开。
0585	Zhè ge wǎng zhàn dǎ bu kāi.

인터넷에서 주문했어요.	我在网上订好了。
0586	Wǒ zài wǎng shàng dìng hǎo le.

우리는 세대차이 느껴요.	我们之间有代沟。
0587	Wǒ men zhī jiān yǒu dài gōu.

그는 항상 이어폰을 끼고 있어요.	他总是戴着耳机。
0588	Tā zǒng shì dài zhe ěr jī.

무릎이 쿡쿡 쑤셔요.	膝盖一阵阵刺痛。
0589	Xī gài yí zhèn zhèn cì tòng.

걔는 말을 막해. 예의없게 말해.	他说话很不客气。
0590	Tā shuō huà hěn bú kè qi.

그는 미안하다는 말도 없이 가버렸어.
0591

他没道歉就走了。
Tā méi dào qiàn jiù zǒu le.

이 일은 증거가 불충분해요.
0592

这件事证据不足。
Zhè jiàn shì zhèng jù bù zú.

너 쌍꺼풀 했어?
0593

你做双眼皮了吗?
Nǐ zuò shuāng yǎn pí le ma?

야채 샐러드 하나 주세요.
0594

来一份蔬菜沙拉。
Lái yí fèn shū cài shā lā.

그들 둘은 승부를 가릴 수가 없어요.
0595

他们俩不分胜负。
Tā men liǎ bù fēn shèng fù.

너에게 충고 한마디 할게.
0596

我想给你个忠告。
Wǒ xiǎng gěi nǐ ge zhōng gào.

저는 프리랜서에요.
0597

我是自由职业者。
Wǒ shì zì yóu zhí yè zhě.

나랑 결혼해 줄래요?
0598

你愿意嫁给我吗?
Nǐ yuàn yì jià gěi wǒ ma?

거품이 눈에 들어갔어요.
0599

泡沫进眼睛里了。
Pào mò jìn yǎn jing lǐ le.

화장실에 휴지가 떨어졌어요.
0600

洗手间里没纸了。
Xǐ shǒu jiān lǐ méi zhǐ le.

五字

六字

七字

八字

九字

十字

단어 확! 꽂히는 중국어 — "단어는 총알이다"

人生 [rénshēng]
명 인생.

静静 [jìngjing]
동 외부의 방해를 받지 않고 조용히 있다.

相亲 [xiāngqīn]
동 선을 보다. 명 소개팅.

习惯 [xíguàn]
명 습관. 버릇.

随时 [suíshí]
부 수시로. 언제나. 아무 때나.

轻易 [qīngyì]
부 가볍게. 함부로. 쉽게.

原谅 [yuánliàng]
동 용서하다.

以为 [yǐwéi]
동 …인 줄 알다.

傻子 [shǎzi]
명 바보.

苦难 [kǔnàn]
명 고난.

使 [shǐ]
동 (…에게) …하게 하다.

成长 [chéngzhǎng]
동 성장하다. 자라다.

站 [zhàn]
동 어느 편에 서다. …의 입장에 서다.

整天 [zhěngtiān]
온종일. 꼬빡 하루.

游戏 [yóuxì]
명 게임.

幸福 [xìngfú]
형 행복하다.

口才 [kǒucái]
명 말재간. 말솜씨.

挺 [tǐng]
부 매우. 아주.

从小 [cóngxiǎo]
부 어릴 때부터.

才华 [cáihuá]
빛나는 재주. 뛰어난 재능.

从来 [cónglái]
부 지금까지. 여태껏. 이제까지.

批评 [pīpíng]
동 비평하다. 꾸짖다.

沉 [chén]
형 (정도가) 심하다[깊다].

进行 [jìnxíng]
동 진행하다.

人身攻击 [rénshēngōngjī]
명 인신공격.

醒 [xǐng]
동 잠에서 깨다.

脾气 [píqi]
명 성격. 성질.

暴 [bào]
형 괴팍하다.

当面 [dāngmiàn]
동 마주보다. 직접 맞대다.

谈 [tán]
동 말하다.

尊重 [zūnzhòng]
동 존중하다.

到齐 [dàoqí]
동 모두 도착하다. 다 오다.

原来 [yuánlái]
부 알고 보니.

久 [jiǔ]
형 오래다.

好像 [hǎoxiàng]
부 마치 …과 같다.

感动 [gǎndòng]
동 감동하다[되다].

全世界 [quánshìjiè]
명 전 세계.

反对 [fǎnduì]
동 반대하다.

赚 [zhuàn]
동 (돈을) 벌다.

接受 [jiēshòu]
동 받아들이다. 받다.

道歉 [dàoqiàn]
동 사과하다.

不用 [búyòng]
동 …할 필요가 없다.

抱歉 [bàoqiàn]
동 미안하게 생각하다. 미안해하다.

后悔 [hòuhuǐ]
동 후회하다.

举手 [jǔshǒu]
동 손을 들다.

空气 [kōngqì]
명 공기.

污染 [wūrǎn]
명 환경 오염.

严重 [yánzhòng]
형 심각하다.

随便 [suíbiàn]
동 마음대로 하다. 편할 대로 하다.

经过 [jīngguò]
동 (장소·시간·동작 등을) 지나다. 통과하다.

周末 [zhōumò]
명 주말.

约 [yuē]
명 약속.

抱怨 [bàoyuàn]
동 원망을 품다. 원망하다.

矛盾 [máodùn]
동 모순되다.

情况 [qíngkuàng]
명 상황. 정황. 형편.

有利 [yǒulì]
형 유리하다.

楼 [lóu]
명 건물. 빌딩.

盖 [gài]
동 (집을) 짓다.

出租车 [chūzūchē]
명 택시.

换车 [huànchē]
동 차를 갈아타다.

呆 [dāi]
동 머무르다. 체재하다.

不好 [bùhǎo]
형 …하기 힘들다. …하기 어렵다.

价格 [jiàgé]
명 가격.

涨 [zhǎng]
동 (값이) 오르다.

拿出来 [náchūlái]
동 꺼내다.

小儿子 [xiǎo'érzi]
명 작은 아들.

단어 확! 꽂히는 중국어　　　　　　　　　"단어는 총알이다"

适合 [shìhé] 동 맞다. 적합하다.	**时尚** [shíshàng] 명 패션. 유행.	**敏感** [mǐngǎn] 형 민감하다.
乐天派 [lètiānpài] 명 낙천주의자.	**必要** [bìyào] 명,형 필요(로)(하다).	**提前** [tíqián] 동 (예정된 시간이나 기한을) 앞당기다.
预约 [yùyuē] 동 예약하다.	**停** [tíng] 동 서다. 멈추다. 주차하다.	**提** [tí] 동 제시하다. 제기하다. 내놓다.
意见 [yìjiàn] 명 의견.	**态度** [tàidu] 명 태도.	**坚决** [jiānjué] 형 단호하다.
当 [dàng] 동 (…으로) 여기다. (…로) 삼다.	**气候** [qìhòu] 명 기후.	**反常** [fǎncháng] 형 비정상적이다. 정상이 아니다.
点 [diǎn] 동 주문하다.	**问题** [wèntí] 명 문제. 질문.	**麻烦** [máfan] 형 귀찮다. 성가시다. 번거롭다.
合影 [héyǐng] 동 (두 사람이나 여럿이) 함께 사진을 찍다.	**菜** [cài] 명 반찬. 요리.	**头发** [tóufa] 명 머리카락.
醉 [zuì] 동 취하다.	**一次付清** [yícìfùqīng] 명 일시불.	**保管** [bǎoguǎn] 동 보관하다.
当 [dāng] 동 맡다. 담당하다. …이 되다.	**导游** [dǎoyóu] 명 가이드.	**发音** [fāyīn] 명 발음.
正确 [zhèngquè] 형 정확하다. 올바르다.	**目标** [mùbiāo] 명 목표.	**冠军** [guànjūn] 명 우승. 1등. 챔피언.
会员 [huìyuán] 명 회원.	**留下** [liúxià] 동 남기다.	**号码** [hàomǎ] 명 번호.

靠 [kào]
통 의지하다. 의거하다.

退休金 [tuìxiūjīn]
명 퇴직금.

光 [guāng]
부 다만. 오직.

叹气 [tànqì]
통 탄식하다. 한숨쉬다.

总是 [zǒngshì]
부 늘. 줄곧. 언제나.

带 [dài]
통 나타내다. 띠다. 머금다.

微笑 [wēixiào]
명 미소.

正好 [zhènghǎo]
부 마침. 때마침.

空 [kòng]
명 틈. 짬. 겨를.

财产 [cáichǎn]
명 재산. 자산.

捐 [juān]
통 기부하다.

做主 [zuòzhǔ]
통 (자신의) 생각대로 처리하다. 결정권을 가지다.

比赛 [bǐsài]
명 시합.

千万 [qiānwàn]
부 제발. 절대로.

慌 [huāng]
형 당황하다. 허둥대다.

汉字 [Hànzì]
명 한자.

冰水 [bīngshuǐ]
명 얼음냉수. 얼음처럼 찬 물.

各 [gè]
대명사 각자. 각기. 각각.

让 [ràng]
통 양보하다.

一步 [yíbù]
명 일보. 한 걸음.

羡慕 [xiànmù]
통 부러워하다.

性格 [xìnggé]
명 성격. 성정.

结婚 [jiéhūn]
통 결혼하다.

善意 [shànyì]
명 선의. 호의.

谎言 [huǎngyán]
명 거짓말.

按时 [ànshí]
부 제때에. 규정된 시간대로. 제시간에.

考上 [kǎoshàng]
통 (시험에) 합격하다.

公务员 [gōngwùyuán]
명 공무원.

负担 [fùdān]
명 부담.

母亲 [mǔqīn]
명 모친. 어머니.

年纪 [niánjì]
명 연령. 나이.

分手 [fēnshǒu]
통 헤어지다. 이별하다.

冲 [chōng]
통 끓는 물 따위를 붓다. 물에 풀다.

확! 꽂히는 중국어 　　　　　"단어는 총알이다"

掉 [diào]
동 (아래로) 떨어지다. (머리카락이) 빠지다.

化妆 [huàzhuāng]
동 화장하다.

凉快 [liángkuai]
형 서늘하다. 시원하다.

看起来 [kànqǐlái]
부 보아하니. 보기에. 보매.

正常 [zhèngcháng]
형 정상(적)이다.

明知故问 [míngzhīgùwèn]
성어 잘 알면서 일부러 묻다.

发生 [fāshēng]
동 발생하다. 생기다.

面子 [miànzi]
명 면목. 체면.

活受罪 [huóshòuzuì]
동 살면서 고통받다. 생고생하다.

老板 [lǎobǎn]
명 사장님.

超级 [chāojí]
형 매우. 대단히.

爽快 [shuǎngkuai]
형 (성격이나 태도가) 시원스럽다. 시원시원하다.

亏待 [kuīdài]
동 푸대접하다. 부당하게 대하다.

感觉 [gǎnjué]
동 느끼다.

炸 [zhà]
동 터지다. 폭발하다.

滚蛋 [gǔndàn]
동 꺼지다.

换 [huàn]
동 교환하다. 바꾸다.

心情 [xīnqíng]
명 심정. 마음. 기분.

打扮 [dǎban]
동 꾸미다.

了解 [liǎojiě]
동 (자세하게 잘) 알다. 이해하다.

大部分 [dàbùfen]
명 대부분.

一样 [yíyàng]
형 같다. 동일하다.

帅 [shuài]
형 잘생기다. 멋지다. 스마트하다.

现实 [xiànshí]
명,형 현실(적이다).

相处 [xiāngchǔ]
동 함께 지내다.

谈得来 [tándelái]
동 말이 서로 통하다. 마음을 털어놓다.

休闲 [xiūxián]
형 캐주얼하다.

果然 [guǒrán]
부 과연. 생각한 대로.

不出所料 [bùchūsuǒliào]
성어 추측한 대로. 예상한 대로.

淡妆 [dànzhuāng]
명 옅은 화장.

分给 [fēngěi]
동 나누어 주다. 분배하다.

崩溃 [bēngkuì]
동 붕괴[붕궤]하다. 멘붕이다.

语言 [yǔyán]
명 언어.

急 [jí]
동 초조하다. 애타다. 조급하다.

欺负 [qīfu]
동 얕보다. 괴롭히다. 만만하다.

保养 [bǎoyǎng]
동 보양하다. 양생하다.

皮肤 [pífū]
명 피부.

理想型 [lǐxiǎngxíng]
명 이상형.

盒子 [hézi]
명 상자.

空 [kōng]
형 (속이) 텅 비다.

老家 [lǎojiā]
명 고향(집).

附近 [fùjìn]
명 부근. 근처.

取款机 [qǔkuǎnjī]
명 현금출금기.

条 [tiáo]
양사 가늘고 긴 것.

裤子 [kùzi]
명 바지.

退 [tuì]
동 (샀던 물건 따위를) 무르다. 반환하다.

景色 [jǐngsè]
명 경색. 경치. 풍경.

病房 [bìngfáng]
명 병실. 병동.

赢 [yíng]
동 이기다.

煎 [jiān]
동 (기름에) 지지다. (전을) 부치다.

允许 [yǔnxǔ]
동 윤허하다. 허가하다. 응낙하다.

停车 [tíngchē]
동 차를 멈추다[세우다].

面包 [miànbāo]
명 빵.

长毛 [zhǎngmáo]
동 곰팡이가 슬다.

尝 [cháng]
동 맛보다.

泡菜汤 [pàocàitāng]
명 김치찌개.

腿 [tuǐ]
명 다리.

破 [pò]
동 다치다. 찢어지다.

瘦 [shòu]
형 마르다. 여위다.

干燥 [gānzào]
형 건조하다.

报 [bào]
동 알리다. 신청하다.

专业 [zhuānyè]
명 (대학 등의) 전공.

黄 [huáng]
형 선정적이다. 음란하다. 야하다.

淡季 [dànjì]
명 비수기.

加班 [jiābān]
동 초과 근무하다. 야근하다.

家常便饭 [jiāchángbiànfàn]
성어 평소 집에서 먹는 식사. 다반사.

확! 꽂히는 중국어   "단어는 총알이다"

经济 [jīngjì]
명 경제.

景气 [jǐngqì]
형 경기가 좋다.

学费 [xuéfèi]
명 학비. 수업료.

耍小聪明 [shuǎxiǎocōngming]
속어 잔꾀를 쓰다. 잔머리를 굴리다.

打印机 [dǎyìnjī]
명 프린터.

卡 [kǎ]
동 걸리다.

纸 [zhǐ]
명 종이. 휴지.

文件 [wénjiàn]
명 서류. 문서. 문건.

容量 [róngliàng]
명 용량.

证明 [zhèngmíng]
동 증명하다.

一切 [yíqiè]
명 일체. 모든 것.

算 [suàn]
동 그런대로 그냥 넘기다.

绝对 [juéduì]
부 절대로. 완전히. 반드시.

垃圾邮件 [lājīyóujiàn]
명 스팸 메일.

网站 [wǎngzhàn]
명 (인터넷) 웹 사이트.

订 [dìng]
동 예약하다. 주문하다.

代沟 [dàigōu]
명 세대차.

戴 [dài]
동 착용하다. 쓰다. 끼다.

耳机 [ěrjī]
명 이어폰.

膝盖 [xīgài]
명 무릎.

一阵阵 [yízhènzhèn]
부 욱신욱신.

刺痛 [cìtòng]
동 (바늘로 찌르듯이) 쿡쿡 쑤시다.

不客气 [búkèqi]
형 무례하다. 버릇없다.

证据 [zhèngjù]
명 증거. 근거.

不足 [bùzú]
형 부족하다. 모자라다.

双眼皮 [shuāngyǎnpí]
명 쌍꺼풀.

蔬菜 [shūcài]
명 채소.

沙拉 [shālā]
명 샐러드.

不分胜负 [bùfēnshèngfù]
성어 승부를 가릴 수 없다.

忠告 [zhōnggào]
명 충고.

自由职业者 [zìyóuzhíyèzhě]
명 자유직업자. 프리랜서.

嫁 [jià]
동 시집가다. 출가하다.

泡沫 [pàomò]
명 포말. (물)거품.

패턴이 문법보다 빠르다

不要轻易⋯   쉽게/가볍게 ~ 하지 마.

덩어리로 외우세요!!

不要轻易原谅他。 bú yào qīng yì yuán liàng tā. 그를 쉽게 용서하지 마.	不要轻易放弃。 bú yào qīng yì fàng qì. 쉽게 포기하지 마세요.
不要轻易相信他。 bú yào qīng yì xiāng xìn tā. 그를 쉽게 믿지 마.	不要轻易说分手。 bú yào qīng yì shuō fēn shǒu. 헤어지자는 말을 쉽게 하지 마.

千万别⋯   제발/절대 ~ 하지 마.

덩어리로 외우세요!!

千万别慌。 qiān wàn bié huāng. 절대/제발 당황하지 마.	千万别原谅他。 qiān wàn bié yuán liàng tā. 절대/제발 그를 용서하지 마.
千万别放弃。 qiān wàn bié fàng qì. 절대/제발 포기하지 마.	千万别说分手。 qiān wàn bié shuō fēn shǒu. 절대/제발 헤어지자는 말 하지 마.

패턴 **101**

你以为 + 틀린 사실   ~인줄 알아?

덩어리로 외우세요!!

你以为我愿意叨叨啊? Nǐ yǐ wéi wǒ yuàn yì dāo dao a? 내가 잔소리하고 싶어서 하는 줄 알아?	你以为我爱喝酒啊? Nǐ yǐ wéi wǒ ài hē jiǔ a? 내가 술이 좋아서 마시는 줄 알아?
你以为我喜欢你啊? Nǐ yǐ wéi wǒ xǐ huan nǐ a? 내가 널 좋아하는 줄 알아?	你以为我不知道啊? Nǐ yǐ wéi wǒ bù zhī dào a? 내가 모르는 줄 알아?

从小就 ⋯   어렸을 때부터 ~ 했어.

덩어리로 외우세요!!

你从小就有才华。 Nǐ cóng xiǎo jiù yǒu cái huá. 넌 어렸을 때부터 재능이 있었어.	他从小就不吃泡菜。 Tā cóng xiǎo jiù bù chī pào cài. 갠 어렸을 때부터 김치를 안 먹었어.
我从小就小病不断。 Wǒ cóng xiǎo jiù xiǎo bìng bú duàn. 난 어렸을 때부터 잔병치레가 많았어.	我从小就学习好。 Wǒ cóng xiǎo jiù xué xí hǎo. 난 어렸을 때부터 공부 잘했어.

从来没~过 (지금까지) 한 번도 ~ 해본 적이 없어.

덩어리로 외우세요!!

从来没受过批评。 cóng lái méi shòu guo pī píng. 지금까지 한 번도 혼난 적이 없어.	从来没赚过钱。 cóng lái méi zhuàn guo qián. 지금까지 한 번도 돈을 벌어 본 적이 없어.
从来没喝醉过。 cóng lái méi hē zuì guo. 지금까지 취해 본 적이 없어.	从来没交过女朋友。 cóng lái méi jiāo guo nǚ péng you. 지금까지 여자친구를 사귀어 본 적이 없어.

谁让你~? 누가 너보고 ~ 하래?

덩어리로 외우세요!!

谁让你那么晚睡? Shéi ràng nǐ nà me wǎn shuì? 누가 너더러 그렇게 늦게 일어나래?	谁让你吃这么多? Shéi ràng nǐ chī zhè me duō? 누가 너보고 이렇게 많이 먹으래?
谁让你这么做的? Shéi ràng nǐ zhè me zuò de? 누가 너더러 그렇게 늦게 자래?	谁让你进来的? Shéi ràng nǐ jìn lái de? 누가 너더러 들어오래?

把A当(成)B   A를 B라고 여기다.

덩어리로 외우세요!!

我只把你当朋友。 Wǒ zhǐ bǎ nǐ dàng péng you. 난 널 친구 이상으로는 생각 안 해.	他把我当亲妈。 Tā bǎ wǒ dàng qīn mā. 그는 날 친엄마로 생각해.
他把我家当自己家。 Tā bǎ wǒ jiā dàng zì jǐ jiā. 그는 우리 집을 자기네 집으로 생각해.	她把小狗当儿子。 Tā bǎ xiǎo gǒu dàng ér zi. 그녀는 강아지를 자기 아들로 생각해.

一点儿都/也 …   조금도(전혀) ~ 하지 않아.

덩어리로 외우세요!!

你一点儿都不胖。 Nǐ yì diǎnr dōu bú pàng. 너 조금도 안 뚱뚱해.	你一点儿也没变。 Nǐ yì diǎnr yě méi biàn. 너 조금도 안 변했네.
他一点儿都不可怜。 Tā yì diǎnr dōu bù kě lián. 그는 조금도 불쌍하지 않아요.	他一点儿都不珍惜我。 Tā yì diǎnr dōu bù zhēn xī wǒ. 그는 조금도 나를 아껴주지 않아요.

八字

601句~800句

Day 16

이건 소중한 경험이에요.
0601

这是很宝贵的经验。
Zhè shì hěn bǎo guì de jīng yàn.

이 말을 나는 1년 동안 참았어요.
0602

这话我忍了一年了。
Zhè huà wǒ rěn le yì nián le.

첫인상은 바꾸기 어려워요.
0603

第一印象很难改变。
Dì yī yìn xiàng hěn nán gǎi biàn.

새 직장 구하신 것 축하드려요.
0604

恭喜你找到新工作。
Gōng xǐ nǐ zhǎo dào xīn gōng zuò.

과정이 결과보다 더 중요하죠.
0605

过程比结果更重要。
Guò chéng bǐ jié guǒ gèng zhòng yào.

나한테 왜 이렇게 잘해주는 거야?
0606

你怎么对我这么好？
Nǐ zěn me duì wǒ zhè me hǎo?

내 여자친구가 돼줘!
0607

你做我的女朋友吧！
Nǐ zuò wǒ de nǚ péng you ba!

내가 원했던 삶은 아니에요.
0608

不是我想要的生活。
Bú shì wǒ xiǎng yào de shēng huó.

맛있는 것은 건강하지 않아.
0609

好吃的东西不健康。
Hǎo chī de dōng xi bú jiàn kāng.

왜 이 지경이 될 때까지 술을 마셔요?
0610

怎么喝成这个样子？
Zěn me hē chéng zhè ge yàng zi?

이건 저의 작은 성의에요. 0611	这是我的一点心意。 Zhè shì wǒ de yì diǎn xīn yì.
더 궁금한 거 있으세요? 0612	你还有什么疑问吗? Nǐ hái yǒu shén me yí wèn ma?
어떤 노래를 좋아하세요? 0613	你喜欢听什么歌儿? Nǐ xǐ huan tīng shén me gēr?
기초를 다지는 것이 중요해요. 0614	打好基础非常重要。 Dǎ hǎo jī chǔ fēi cháng zhòng yào.
난 그의 나이를 물어본 적이 없어요. 0615	我没问过他的年纪。 Wǒ méi wèn guo tā de nián jì.
남편이 전화해서 재촉해요. 0616	我老公打电话催我。 Wǒ lǎo gōng dǎ diàn huà cuī wǒ.
미안한 건 나야. 0617	该说对不起的是我。 Gāi shuō duì bu qǐ de shì wǒ.
자장면 오랜만에 먹네요. 0618	好久没吃炸酱面了。 Hǎo jiǔ méi chī zhá jiàng miàn le.
걘 완전 마마보이야. 0619	他完全是个妈宝男。 Tā wán quán shì ge mā bǎo nán.
한 귀로 듣고 한 귀로 흘려버려요. 0620	左耳朵进右耳朵出。 Zuǒ ěr duo jìn yòu ěr duo chū.

그녀는 내가 정말 사랑하는 여자야. 0621	她是我深爱的女人。 Tā shì wǒ shēn ài de nǚ rén.
그는 정말 의리 있는 사람이야. 0622	他真是个仗义的人。 Tā zhēn shì ge zhàng yì de rén.
그는 정말 자상한 사람이에요. 0623	他真是个体贴的人。 Tā zhēn shì ge tǐ tiē de rén.
도저히 더 이상 못 봐주겠다. 0624	我实在看不下去了。 Wǒ shí zài kàn bu xià qù le.
나갈 때 우산 챙겨요. 0625	出门前要记得带伞。 Chū mén qián yào jì de dài sǎn.
휴대폰 충전하는 것을 잊었어요. 0626	我忘给手机充电了。 Wǒ wàng gěi shǒu jī chōng diàn le.
나 쉬운 사람 아니야. 0627	我不是个随便的人。 Wǒ bú shì ge suí biàn de rén.
이유는 말씀드릴 수 없어요. 0628	我不能告诉你原因。 Wǒ bù néng gào su nǐ yuán yīn.
출근하자마자 퇴근시간이 기다려져. 0629	我一上班就盼下班。 Wǒ yí shàng bān jiù pàn xià bān.
물어보고 싶은 게 너무 많아요. 0630	想问的问题太多了。 Xiǎng wèn de wèn tí tài duō le.

이 문제 아주 잘 물어봤어요.
0631

这个问题问得很好。
Zhè ge wèn tí wèn de hěn hǎo.

이건 어리석은 결정이야.
0632

这是个愚蠢的决定。
Zhè shì ge yú chǔn de jué dìng.

갠 말을 하기 시작하면 끝이 없어.
0633

他说起来没完没了。
Tā shuō qǐ lái méi wán méi liǎo.

오자마자 가려고 하는 거야?
0634

你怎么刚来就要走？
Nǐ zěn me gāng lái jiù yào zǒu?

마지막 기회를 놓치지 마세요.
0635

别错过最后的机会。
Bié cuò guò zuì hòu de jī huì.

그는 내가 찾는 사람이 아니에요.
0636

他不是我要找的人。
Tā bú shì wǒ yào zhǎo de rén.

나보다 널 더 사랑하는 사람은 없어.
0637

没有人比我更爱你。
Méi yǒu rén bǐ wǒ gèng ài nǐ.

너의 모든 것을 알고 싶어.
0638

我想了解你的一切。
Wǒ xiǎng liǎo jiě nǐ de yí qiè.

내가 이유를 설명할게요.
0639

我来说明一下原因。
Wǒ lái shuō míng yí xià yuán yīn.

이미 가는 길이에요.
0640

已经在去的路上了。
Yǐ jīng zài qù de lù shàng le.

五字 六字 七字 八字 九字 十字

Day 17

사는 게 이런 거 아니야?
0641

생活不就是这样嘛。
Shēng huó bú jiù shì zhè yàng ma.

좋아하는 사람 있어요.
0642

我已经有心上人了。
Wǒ yǐ jīng yǒu xīn shàng rén le.

쓰레기가 산더미처럼 쌓였어요.
0643

垃圾堆得像山一样。
Lā jī duī de xiàng shān yí yàng.

난 아직 결혼하고 싶지 않아.
0644

我现在还不想结婚。
Wǒ xiàn zài hái bù xiǎng jié hūn.

내가 실수로 깼어요.
0645

是我不小心打破的。
Shì wǒ bù xiǎo xīn dǎ pò de.

다시는 다른 사람한테
이용당하고 싶지 않아.
0646

我不想再被人利用。
Wǒ bù xiǎng zài bèi rén lì yòng.

그를 사무실로 오라고 해요.
0647

你把他叫到办公室。
Nǐ bǎ tā jiào dào bàn gōng shì.

이 말은 지겹도록 들었어요.
0648

这些话我都听腻了。
Zhè xiē huà wǒ dōu tīng nì le.

내 말이 꼭 다 맞는 것은 아니야.
0649

我讲的不一定都对。
Wǒ jiǎng de bù yí dìng dōu duì.

너 언제 철들래?
0650

你什么时候能长大?
Nǐ shén me shí hou néng zhǎng dà?

이 일은 대외비야.
0651
这件事对外要保密。
Zhè jiàn shì duì wài yào bǎo mì.

나이가 무슨 상관이에요.
0652
跟年龄有什么关系？
Gēn nián líng yǒu shén me guān xi?

한번 말하면 기억해요.
0653
说一遍我就记住了。
Shuō yí biàn wǒ jiù jì zhù le.

이 일을 어떻게 해야 좋을까요?
0654
这件事怎么办才好？
Zhè jiàn shì zěn me bàn cái hǎo?

단지 운이 없었을 뿐이에요.
0655
只是运气不好而已。
Zhǐ shì yùn qi bù hǎo ér yǐ.

너한테서 술 냄새 진동해.
0656
你全身都是酒味儿。
Nǐ quán shēn dōu shì jiǔ wèir.

지금 전 세계의 기후가
온난화되고 있어요.
0657
现在全球气候变暖。
Xiàn zài quán qiú qì hòu biàn nuǎn.

그녀의 요리 솜씨는
천하에 당할 자가 없어요.
0658
她的厨艺天下无敌。
Tā de chú yì tiān xià wú dí.

넌 사랑이 뭔지 몰라.
0659
你不懂爱情是什么。
Nǐ bù dǒng ài qíng shì shén me.

그는 이미 이성을 잃었어요.
0660
他已经失去理智了。
Tā yǐ jīng shī qù lǐ zhì le.

정말 시간을 낼 수가 없어요. 0661	我真的抽不出时间。 Wǒ zhēn de chōu bu chū shí jiān.
그는 검소하게 살아요. 0662	他的生活十分朴素。 Tā de shēng huó shí fēn pǔ sù.
제 대신 짐을 좀 봐주세요. 0663	你替我看一下行李。 Nǐ tì wǒ kān yí xià xíng li.
왕복에 얼마나 걸립니까? 0664	往返要花多长时间？ Wǎng fǎn yào huā duō cháng shí jiān?
난 공포영화를 안 좋아해요. 0665	我不爱看恐怖电影。 Wǒ bú ài kàn kǒng bù diàn yǐng.
우리는 현실을 직시해야 돼요. 0666	我们应该面对现实。 Wǒ men yīng gāi miàn duì xiàn shí.
그는 겨울에도 얼음물을 마셔요. 0667	他冬天也爱喝冰水。 Tā dōng tiān yě ài hē bīng shuǐ.
널 또 만날 줄이야. 0668	没想到又碰见你了。 Méi xiǎng dào yòu pèng jiàn nǐ le.
법 앞에서는 모두가 평등해요. 0669	法律面前一律平等。 Fǎ lǜ miàn qián yí lǜ píng děng.
우리는 친구 이상은 아니야. 0670	我们只是朋友关系。 Wǒ men zhǐ shì péng you guān xi.

그의 반지는 순금이에요.
0671
他的戒指是纯金的。
Tā de jiè zhi shì chún jīn de.

평생 널 보살펴 줄게.
0672
我想照顾你一辈子。
Wǒ xiǎng zhào gù nǐ yí bèi zi.

그는 세계기록을 깼어요.
0673
他打破了世界纪录。
Tā dǎ pò le shì jiè jì lù.

여기는 여성 전용입니다.
0674
这里是女生专用的。
Zhè lǐ shì nǚ shēng zhuān yòng de.

기말고사가 언제야?
0675
什么时候期末考试？
Shén me shí hou qī mò kǎo shì?

너의 일하는 방법이 잘못됐어.
0676
你的工作方法不对。
Nǐ de gōng zuò fāng fǎ bú duì.

그 선생님 인기 진짜 많아.
0677
那位老师人气很高。
Nà wèi lǎo shī rén qì hěn gāo.

저는 중국어 독학했어요.
0678
我的汉语是自学的。
Wǒ de Hàn yǔ shì zì xué de.

그 사람 와이프 성질이 대단해요.
0679
他的妻子是母老虎。
Tā de qī zi shì mǔ lǎo hǔ.

그는 다른 사람을 배려할 줄 몰라요.
0680
他不会替别人着想。
Tā bú huì tì bié rén zhuó xiǎng.

五字 六字 七字 八字 九字 十字

Day 18

지하철 아직 막차 있어.

0681

还有最后一班地铁。
Hái yǒu zuì hòu yì bān dì tiě.

졸리면 먼저 가서 자!

0682

你困了就先去睡吧！
Nǐ kùn le jiù xiān qù shuì ba!

이 차 몇 킬로미터 안 뛰었어요.

0683

这辆车没跑几公里。
Zhè liàng chē méi pǎo jǐ gōng lǐ.

매일 정시에 일어나세요?

0684

你每天定时起床吗？
Nǐ měi tiān dìng shí qǐ chuáng ma?

거기 가서 공부하면 편해.

0685

去那里学习很方便。
Qù nà lǐ xué xí hěn fāng biàn.

너는 왜 책임을 안 져?

0686

你为什么不负责任？
Nǐ wèi shén me bú fù zé rèn?

그는 침대에 누워 잠이 들었어요.

0687

他躺在床上睡着了。
Tā tǎng zài chuáng shàng shuì zháo le.

남편감 고를 때
잘생긴 것만 보면 안 돼.

0688

找老公不能只看帅。
Zhǎo lǎo gōng bù néng zhǐ kàn shuài.

이것은 진정한 행복이 아니야.

0689

这不是真正的幸福。
Zhè bú shì zhēn zhèng de xìng fú.

저는 아직 정식 직원이 아니에요.

0690

我还不是正式职员。
Wǒ hái bú shì zhèng shì zhí yuán.

8시 정각에 출발할게요. 0691	我们八点准时出发。 Wǒ men bā diǎn zhǔn shí chū fā.
걔가 사과해도 안 받아 줄 거야. 0692	我不接受他的道歉。 Wǒ bù jiē shòu tā de dào qiàn.
박사도 일자리 구하기가 쉽지 않아. 0693	博士也不好找工作。 Bó shì yě bù hǎo zhǎo gōng zuò.
말할 만한 적당한 기회가 없었어요. 0694	没有适当的机会说。 Méi yǒu shì dàng de jī huì shuō.
주스를 옷에 엎었어요. 0695	果汁洒在衣服上了。 Guǒ zhī sǎ zài yī fu shàng le.
화가 나서 말이 안 나오네요. 0696	我气得说不出话来。 Wǒ qì de shuō bu chū huà lái.
그는 매일 밤샘해요. 0697	他每天晚上都熬夜。 Tā měi tiān wǎn shang dōu áo yè.
밖에서 먹는 음식은 깨끗하지 않아요. 0698	出去吃饭不太卫生。 Chū qù chī fàn bú tài wèi shēng.
네가 떠드는 바람에 잠을 못 잤어. 0699	我被你吵得睡不着。 Wǒ bèi nǐ chǎo de shuì bu zháo.
전 여기 단골이에요. 0700	我是这里的老顾客。 Wǒ shì zhè lǐ de lǎo gù kè.

五字 六字 七字 八字 九字 十字

오늘 퇴근하고 회식 있어요. 0701	今天下班后有聚餐。 Jīn tiān xià bān hòu yǒu jù cān.
핸드폰 케이스 진짜 예쁘다. 0702	你的手机壳很漂亮。 Nǐ de shǒu jī ké hěn piào liang.
네 이름은 누가 지었니? 0703	你的名字是谁起的？ Nǐ de míng zi shì shéi qǐ de?
내 커피에 설탕 넣지 마. 0704	我的咖啡不要放糖。 Wǒ de kā fēi bú yào fàng táng.
다들 내가 밝고 명랑하다고 그래요. 0705	大家都说我很开朗。 Dà jiā dōu shuō wǒ hěn kāi lǎng.
근무시간이 자유로운 편이에요. 0706	工作时间比较自由。 Gōng zuò shí jiān bǐ jiào zì yóu.
그날 마침 딱 시간 돼요. 0707	那天我正好有时间。 Nà tiān wǒ zhèng hǎo yǒu shí jiān.
너랑 통화하기 정말 힘드네! 0708	跟你通电话真难啊！ Gēn nǐ tōng diàn huà zhēn nán a!
남과 비교할 필요 없어요. 0709	没必要跟别人比较。 Méi bì yào gēn bié rén bǐ jiào.
너의 생각은 비현실적이야. 0710	你的想法不太现实。 Nǐ de xiǎng fǎ bú tài xiàn shí.

수업 전에 먼저 예습을 좀 해. 0711	上课前先预习一下。 Shàng kè qián xiān yù xí yí xià.
탄 것 먹으면 몸에 안 좋아. 0712	吃糊的对身体不好。 Chī hú de duì shēn tǐ bù hǎo.
우리 삼겹살 구워 먹자! 0713	我们烤五花肉吃吧! Wǒ men kǎo wǔ huā ròu chī ba!
그녀는 하루도 쉰 적이 없어요. 0714	她没有休息过一天。 Tā méi yǒu xiū xi guo yì tiān.
조용히 하는 게 좋아. 0715	安静一点儿比较好。 Ān jìng yì diǎnr bǐ jiào hǎo.
최대한 빨리 갈게요. 0716	我会尽快赶过去的。 Wǒ huì jǐn kuài gǎn guò qù de.
더 큰 봉지는 없나요? 0717	有没有更大的袋子? Yǒu méi yǒu gèng dà de dài zi?
계속 찜찜한 생각이 들어요. 0718	心里老觉得怪怪的。 Xīn lǐ lǎo jué de guài guài de.
비가 곧 쏟아질 것 같아요. 0719	好像马上要下雨了。 Hǎo xiàng mǎ shàng yào xià yǔ le.
꼭 돈만의 문제는 아니에요. 0720	这不只是钱的问题。 Zhè bù zhǐ shì qián de wèn tí.

五字 六字 七字 **八字** 九字 十字

Day 19

내가 팍팍 밀어줄게요.
0721

我会全力支持你的。
Wǒ huì quán lì zhī chí nǐ de.

너 같은 사람은 못 봤어.
0722

没见过你这样的人。
Méi jiàn guo nǐ zhè yàng de rén.

내가 니 화풀이 대상이야?
0723

我是你的出气筒吗？
Wǒ shì nǐ de chū qì tǒng ma?

오늘 일은 오늘 해.
0724

今天的事儿今天做。
Jīn tiān de shìr jīn tiān zuò.

네가 부르면 언제든지 달려갈게.
0725

你叫我，我随叫随到。
Nǐ jiào wǒ, wǒ suí jiào suí dào.

공부 열심히 안 한 것이 정말 후회돼.
0726

真后悔没认真学习。
Zhēn hòu huǐ méi rèn zhēn xué xí.

우리 가위 바위 보 하자!
0727

咱们石头剪刀布吧！
Zán men shí tou jiǎn dāo bù ba!

하나만 알고, 둘은 몰라요.
0728

只知其一，不知其二。
Zhǐ zhī qí yī, bù zhī qí èr.

이게 다 너 덕분이야.
0729

这都是托你的福啊！
Zhè dōu shì tuō nǐ de fú a!

니 기분 이해해.
0730

我很理解你的心情。
Wǒ hěn lǐ jiě nǐ de xīn qíng.

오늘 하루종일 방콕했어요.
0731
今天在家宅了一天。
Jīn tiān zài jiā zhái le yì tiān.

가는 김에 우유 한 병 사다 줘.
0732
顺便帮我买瓶牛奶。
Shùn biàn bāng wǒ mǎi píng niú nǎi.

어느 학원에 다닐 거야?
0733
你要上哪个补习班？
Nǐ yào shàng nǎ ge bǔ xí bān?

그는 노래하는 모습이 멋있어요.
0734
他唱歌的样子很帅。
Tā chàng gē de yàng zi hěn shuài.

너 지금 고자질하는 거야?
0735
你是在打小报告吗？
Nǐ shì zài dǎ xiǎo bào gào ma?

한 달에 얼마 저축해?
0736
你一个月存多少钱？
Nǐ yí ge yuè cún duō shao qián?

쓰레기 분리수거에 신경을 많이 써요.
0737
我很注意垃圾分类。
Wǒ hěn zhù yì lā jī fēn lèi.

평소에 환경보호에 신경을 많이 써요.
0738
我平时很注意环保。
Wǒ píng shí hěn zhù yì huán bǎo.

꼼수 부리다 걸렸어.
0739
耍小聪明被发现了。
Shuǎ xiǎo cōng ming bèi fā xiàn le.

이거 완전 노가다네.
0740
这完全是体力活啊。
Zhè wán quán shì tǐ lì huó a.

五字
六字
七字
八字
九字
十字

반대하는 사람이 절반을 넘었어요.
0741

反对的人超过一半。
Fǎn duì de rén chāo guò yí bàn.

그는 필터링 없이 말해요.
0742

他说话不经过大脑。
Tā shuō huà bù jīng guò dà nǎo.

이번 달에 손가락 빨아야 돼.
0743

我这个月要吃土了。
Wǒ zhè ge yuè yào chī tǔ le.

당신은 매일 꾸준히 운동해야 돼요.
0744

你要坚持每天运动。
Nǐ yào jiān chí měi tiān yùn dòng.

우리 두 사람 이제 그만하자!
0745

咱们俩到此为止吧!
Zán men liǎ dào cǐ wéi zhǐ ba!

그녀가 신청한 게 거절당했어요.
0746

她的申请被拒绝了。
Tā de shēn qǐng bèi jù jué le.

내가 약 발라 줄게!
0747

我帮你擦点儿药吧!
Wǒ bāng nǐ cā diǎnr yào ba!

바지가 안 들어가요.
0748

这裤子我穿不进去。
Zhè kù zi wǒ chuān bu jìn qù.

너 생일이 언제야?
0749

你生日是什么时候?
Nǐ shēng rì shì shén me shí hou?

쟤 명품으로 도배를 했어.
0750

她全身都是名牌儿。
Tā quán shēn dōu shì míng páir.

제가 체온을 재 드릴게요. 0751	我帮你量一下体温。 Wǒ bāng nǐ liáng yí xià tǐ wēn.
네가 다른 사람에게 알려줘. 0752	你通知一下其他人。 Nǐ tōng zhī yí xià qí tā rén.
회 좋아하세요? 0753	你喜欢吃生鱼片吗? Nǐ xǐ huan chī shēng yú piàn ma?
그가 요구한 것은 거절당했어요. 0754	他的要求被拒绝了。 Tā de yāo qiú bèi jù jué le.
주사를 맞는 것이 약을 먹는 것보다 효과가 좋아. 0755	打针比吃药效果好。 Dǎ zhēn bǐ chī yào xiào guǒ hǎo.
나 병원에서 링겔 맞았어. 0756	我在医院打点滴了。 Wǒ zài yī yuàn dǎ diǎn dī le.
너 무슨 충격 받았어? 0757	你受什么刺激了吗? Nǐ shòu shén me cì jī le ma?
검사결과 나왔어요? 0758	检查结果出来了吗? Jiǎn chá jié guǒ chū lái le ma?
예뻐지고 싶은 것은 여자의 본능이야. 0759	爱美是女人的本能。 Ài měi shì nǚ rén de běn néng.
피부가 좀 가려워요. 0760	我的皮肤有点儿痒。 Wǒ de pí fū yǒu diǎnr yǎng.

五字 六字 七字 八字 九字 十字

Day 20

어떤 사람을 좋아하게 되었어.
0761

我喜欢上了一个人。
Wǒ xǐ huan shàng le yí ge rén.

너희 둘 사귄 지 얼마나 됐어?
0762

你们谈恋爱多久了?
Nǐ men tán liàn ài duō jiǔ le?

이 영화 너무 공포스러워요.
0763

这部电影太恐怖了。
Zhè bù diàn yǐng tài kǒng bù le.

늦게 가면 자리 없어.
0764

去晚了就没座位了。
Qù wǎn le jiù méi zuò wèi le.

너 스트레스 많이 받는 거 아냐?
0765

你是不是压力很大?
Nǐ shì bu shì yā lì hěn dà?

드디어 남친 생겼어.
0766

我终于有男朋友了。
Wǒ zhōng yú yǒu nán péng you le.

얼굴에 주름이 많으시네요.
0767

你脸上有很多皱纹。
Nǐ liǎn shàng yǒu hěn duō zhòu wén.

다이어트에는 무슨 운동이 좋아?
0768

减肥做什么运动好?
Jiǎn féi zuò shén me yùn dòng hǎo?

너 문과야, 이과야?
0769

你是文科还是理科?
Nǐ shì wén kē hái shi lǐ kē?

부모님이 우리 결혼을 반대하셔.
0770

父母反对我们结婚。
Fù mǔ fǎn duì wǒ men jié hūn.

걔 영어 잘해.
0771

他的英语口语很好。
Tā de Yīng yǔ kǒu yǔ hěn hǎo.

이번에 꼭 관둘 거야.
0772

这次我一定要辞职。
Zhè cì wǒ yí dìng yào cí zhí.

그 사람 판매실적 1위에요.
0773

他的销售成绩第一。
Tā de xiāo shòu chéng jì dì yī.

요즘에 접대가 너무 많아요.
0774

我最近应酬太多了。
Wǒ zuì jìn yìng chou tài duō le.

너 매달 월급에서 세금 얼마 떼?
0775

你每个月扣多少税?
Nǐ měi ge yuè kòu duō shao shuì?

내가 쳐 놓은 자료 다 날아갔어.
0776

我打的资料全没了。
Wǒ dǎ de zī liào quán méi le.

이 자료 백업 해놨어?
0777

这资料你备份了吗?
Zhè zī liào nǐ bèi fèn le ma?

좀 있다가 전화 줄게.
0778

一会儿给你回电话。
Yí huìr gěi nǐ huí diàn huà.

내가 주문한 물건이 아직 안 왔어.
0779

我买的东西还没到。
Wǒ mǎi de dōng xi hái méi dào.

당신이 괜한 걱정하는 거예요.
0780

你的担心是多余的。
Nǐ de dān xīn shì duō yú de.

五字
六字
七字
八字
九字
十字

미국시간으로 지금 몇 시인가요? (0781)	美国时间现在几点？ Měi guó shí jiān xiàn zài jǐ diǎn?
당신의 강연은 정말 멋졌어요. (0782)	你的演讲太精彩了。 Nǐ de yǎn jiǎng tài jīng cǎi le.
이 일은 편하고 안정적이에요. (0783)	这份工作轻松稳定。 Zhè fèn gōng zuò qīng sōng wěn dìng.
이 일은 그렇게 심각하진 않아요. (0784)	这件事没那么严重。 Zhè jiàn shì méi nà me yán zhòng.
내 꿈을 포기하고 싶어요. (0785)	我想放弃我的梦想。 Wǒ xiǎng fàng qì wǒ de mèng xiǎng.
여기 일은 당신이 맡아서 하세요. (0786)	这里的事由你负责。 Zhè lǐ de shì yóu nǐ fù zé.
이 옷을 어떻게 코디해야 될까? (0787)	怎么搭配这件衣服？ Zěn me dā pèi zhè jiàn yī fu?
그 뉴스 실시간 검색에 떴어요. (0788)	那条新闻上热搜了。 Nà tiáo xīn wén shàng rè sōu le.
태풍이 곧 올 거예요. (0789)	台风马上就要来了。 Tái fēng mǎ shàng jiù yào lái le.
신혼여행은 어디로 가나요? (0790)	你去哪里度蜜月啊？ Nǐ qù nǎ lǐ dù mì yuè a?

직업에는 귀천이 없는 거예요. 0791	工作不分高低贵贱。 Gōng zuò bù fēn gāo dī guì jiàn.
생일파티를 하고 싶어요. 0792	我想开个生日派对。 Wǒ xiǎng kāi ge shēng rì pài duì.
이 수박은 씨가 없어요. 0793	这个西瓜没有籽儿。 Zhè ge xī guā méi yǒu zǐr.
다음 역이 종착역이에요. 0794	下一站就是终点站。 Xià yí zhàn jiù shì zhōng diǎn zhàn.
이 제품은 교환, 환불이 안 됩니다. 0795	这个产品不能退换。 Zhè ge chǎn pǐn bù néng tuì huàn.
이 예언이 이루어졌나요? 0796	这个预言实现了吗? Zhè ge yù yán shí xiàn le ma?
주말에 드라이브 갈까요? 0797	周末去兜风怎么样? Zhōu mò qù dōu fēng zěn me yàng?
노인들은 옛일을 회상하는 걸 좋아해. 0798	老人喜欢回忆往事。 Lǎo rén xǐ huan huí yì wǎng shì.
젊은이들은 기억력이 좋지요. 0799	年轻人的记忆力好。 Nián qīng rén de jì yì lì hǎo.
잠깐 친구 좀 만나고 올게. 0800	我出去见一下朋友。 Wǒ chū qù jiàn yí xià péng you.

五字 六字 七字 八字 九字 十字

단어 확! 꽂히는 중국어   "단어는 총알이다"

宝贵 [bǎoguì]
형 귀중하다. 소중하다.

经验 [jīngyàn]
명 경험.

忍 [rěn]
동 참다. 견디다.

印象 [yìnxiàng]
명 인상.

改变 [gǎibiàn]
동 바꾸다. 고치다.

恭喜 [gōngxǐ]
상투어 축하하다.

过程 [guòchéng]
명 과정.

结果 [jiéguǒ]
명 결실. 결과.

生活 [shēnghuó]
명,동 삶. 생활(하다).

健康 [jiànkāng]
형 건강하다.

心意 [xīnyì]
명 마음. 성의.

疑问 [yíwèn]
명 의문.

基础 [jīchǔ]
명 기초. 기반.

重要 [zhòngyào]
형 중요하다.

年纪 [niánjì]
명 연령. 나이.

老公 [lǎogōng]
명 남편.

催 [cuī]
동 독촉하다. 재촉하다.

炸酱面 [zhájiàngmiàn]
명 자장면.

完全 [wánquán]
부 완전히. 전혀.

妈宝男 [mābǎonán]
명 마마보이.

左 [zuǒ]
명 왼쪽.

耳朵 [ěrduo]
명 귀.

右 [yòu]
명 오른쪽.

深爱 [shēn'ài]
동 깊이 사랑하다.

仗义 [zhàngyì]
동 의리를 중히 여기다.

体贴 [tǐtiē]
동 자상하게 돌보다.

实在 [shízài]
부 확실히. 정말.

看不下去 [kànbuxiàqù]
동 더 이상 못 보겠다. 계속하여 볼 수 없다. 눈뜨고 볼 수 없다.

出门 [chūmén]
동 외출하다.

记得 [jìde]
동 기억하다.

伞 [sǎn]
명 우산.

忘 [wàng]
동 잊다. 망각하다.

手机 [shǒujī]
명 휴대폰. 핸드폰.

充电 [chōngdiàn]
동 충전하다.

随便 [suíbiàn]
형 무책임하다. 부주의하다.
함부로 하다. 제멋대로 하다.

告诉 [gàosu]
동 알리다. 말하다.

原因 [yuányīn]
명 원인.

盼 [pàn]
동 바라다. 희망하다.

愚蠢 [yúchǔn]
형 어리석다.

决定 [juédìng]
명 결정.

没完没了 [méiwánméiliǎo]
성어 한도 없고 끝도 없다.

错过 [cuòguò]
동 (기회 등을) 놓치다.

最后 [zuìhòu]
명 최후. 맨 마지막.

机会 [jīhuì]
명 기회.

了解 [liǎojiě]
동 (자세하게 잘) 알다. 이해하다.

一切 [yíqiè]
명 일체. 모든 것. 온갖 것.

说明 [shuōmíng]
동 설명하다. 해설하다.

心上人 [xīnshàngrén]
명 마음에 둔 사람.

垃圾 [lājī]
명 쓰레기. 오물.

堆 [duī]
동 쌓이다. 쌓다.

不小心 [bùxiǎoxīn]
부 부주의하다.

打破 [dǎpò]
동 타파하다. 때려 부수다.
(기록 등을) 깨다.

利用 [lìyòng]
동 이용하다.

叫 [jiào]
동 부르다. 불러오다. 찾다.

办公室 [bàngōngshì]
명 사무실.

听腻 [tīngnì]
동 지겹도록 듣다.
귀에 못이 박히도록 듣다.

不一定 [bùyídìng]
부 반드시 …하는 것은 아니다.

长大 [zhǎngdà]
동 자라다. 성장하다.

保密 [bǎomì]
동 비밀을 지키다.

年龄 [niánlíng]
명 연령. 나이.

记住 [jìzhu]
동 확실히 기억해 두다.

运气 [yùnqi]
명 운명. 운세. 운수.

而已 [éryǐ]
조사 …만. …뿐.

全身 [quánshēn]
명 전신. 온몸.

酒味儿 [jiǔwèir]
명 술 향기. 술 냄새.

全球 [quánqiú]
명 전 세계. 전 지구.

확! 꽂히는 중국어   "단어는 총알이다"

气候 [qìhòu]
명 기후.

暖 [nuǎn]
형 따뜻하다. 온화하다.

厨艺 [chúyì]
명 요리기술.

无敌 [wúdí]
형 무적이다. 당할 자가 없다.

爱情 [àiqíng]
명 (주로 남녀간의) 애정.

失去 [shīqù]
동 잃다. 잃어버리다.

理智 [lǐzhì]
명 이지. 이성.

抽 [chōu]
동 (시간을) 내다.

十分 [shífēn]
부 매우. 대단히.

朴素 [pǔsù]
형 (생활이) 검소하다.

替 [tì]
동 대신하다. 대신해주다.

看 [kān]
동 감시하다. 주시하다.

行李 [xíngli]
명 여행짐.

往返 [wǎngfǎn]
동 왕복하다.

恐怖电影 [kǒngbùdiànyǐng]
명 공포영화.

面对 [miànduì]
동 마주 보다. 직면하다.

现实 [xiànshí]
명,형 현실(적이다).

冰水 [bīngshuǐ]
명 얼음물.

碰见 [pèngjiàn]
동 우연히 만나다. 뜻밖에 만나다.

法律 [fǎlǜ]
명 법률.

一律 [yílǜ]
부 일률적으로. 예외 없이. 모두.

平等 [píngděng]
형 평등하다.

戒指 [jièzhi]
명 반지.

纯金 [chúnjīn]
명 순금.

照顾 [zhàogù]
동 돌보다. 보살펴 주다. 배려하다.

一辈子 [yíbèizi]
명 한평생. 일생.

世界纪录 [shìjièjìlù]
명 세계기록. 세계 신기록.

专用 [zhuānyòng]
명 전용.

期末考试 [qīmòkǎoshì]
명 기말시험.

方法 [fāngfǎ]
명 방법. 수단. 방식.

人气 [rénqì]
명 인기.

自学 [zìxué]
동 독학하다.

妻子 [qīzi]
명 아내.

母老虎 [mǔlǎohǔ]
명 심술궂은 여자. 성질이 사나운 여자.

着想 [zhuóxiǎng]
동 (어떤 사람의 입장에서) 생각하다.

班 [bān]
양사 교통 기관의 운행표 또는 노선.

困 [kùn]
형 졸리다.

公里 [gōnglǐ]
양사 킬로미터(km).

定时 [dìngshí]
명 정시. 정해진 시간.

起床 [qǐchuáng]
동 일어나다.

方便 [fāngbiàn]
형 편리하다.

负责任 [fùzérèn]
동 책임을 지다.

躺 [tǎng]
동 눕다.

睡着 [shuìzháo]
동 잠들다. 잠이 들다.

真正 [zhēnzhèng]
형 진정한. 참된. 진짜의.

正式 [zhèngshì]
형 정식의. 공식의.

职员 [zhíyuán]
명 직원.

准时 [zhǔnshí]
명 정확한 시간. 정각.

出发 [chūfā]
동 출발하다.

接受 [jiēshòu]
동 받아들이다. 받다.

道歉 [dàoqiàn]
동 사과하다.

博士 [bóshì]
명 박사.

适当 [shìdàng]
형 적당하다. 적절하다. 알맞다.

果汁 [guǒzhī]
명 주스.

洒 [sǎ]
동 (음식 따위를) 엎지르다.

熬夜 [áoyè]
동 밤을 새다.

卫生 [wèishēng]
형 위생적이다. 깨끗하다.

吵 [chǎo]
동 떠들어 대다.

老顾客 [lǎogùkè]
명 단골손님.

聚餐 [jùcān]
명 회식.

手机壳 [shǒujīké]
명 핸드폰 케이스.

起名字 [qǐmíngzi]
동 이름을 짓다.

糖 [táng]
명 사탕. 설탕.

开朗 [kāilǎng]
형 명랑하다. 유쾌하다.

比较 [bǐjiào]
부 비교적. 동 비교하다.

自由 [zìyóu]
형 자유롭다.

확! 꽂히는 중국어   "단어는 총알이다"

| 正好 [zhènghǎo] | 通电话 [tōngdiànhuà] | 想法 [xiǎngfǎ] |
| 🔹 마침. 때마침. | 🔹 통화하다. | 🔹 생각. 의견. |

| 先 [xiān] | 预习 [yùxí] | 糊 [hú] |
| 🔹 먼저. 미리. | 🔹 예습하다. | 🔹 (음식이나 옷 따위가) 눋다. 타다. |

| 烤 [kǎo] | 五花肉 [wǔhuāròu] | 休息 [xiūxi] |
| 🔹 (불에) 굽다. | 🔹 삼겹살. | 🔹 휴식하다. 쉬다. |

| 安静 [ānjìng] | 尽快 [jǐnkuài] | 赶 [gǎn] |
| 🔹 조용하다. 고요하다. | 🔹 되도록 빨리. | 🔹 서두르다. 다그치다. |

| 袋子 [dàizi] | 怪 [guài] | 好像 [hǎoxiàng] |
| 🔹 봉지. | 🔹 이상하다. 괴상하다. | 🔹 마치 …과 같다. |

| 全力 [quánlì] | 支持 [zhīchí] | 出气筒 [chūqìtǒng] |
| 🔹 전력. 모든 힘. | 🔹 지지하다. 후원하다. | 🔹 화풀이 대상. |

| 随叫随到 [suíjiàosuídào] | 后悔 [hòuhuǐ] | 认真 [rènzhēn] |
| 🔹 부르면 곧 오다. | 🔹 후회하다. | 🔹 진지하다. 성실하다. |

| 石头 [shítou] | 剪刀 [jiǎndāo] | 布 [bù] |
| 🔹 돌. 바위. | 🔹 가위. | 🔹 포. 보. |

| 托福 [tuōfú] | 理解 [lǐjiě] | 心情 [xīnqíng] |
| 🔹 덕을 입다. 신세를 지다. | 🔹 이해하다. | 🔹 심정. 마음. 기분. |

| 宅 [zhái] | 顺便 [shùnbiàn] | 牛奶 [niúnǎi] |
| 🔹 집에 틀어박혀 있다. | 🔹 …하는 김에. | 🔹 우유. |

| 补习班 [bǔxíbān] | 样子 [yàngzi] | 帅 [shuài] |
| 🔹 학원. | 🔹 모양. 모습. | 🔹 멋지다. 스마트하다. |

打小报告 [dǎxiǎobàogào]
동 고자질하다.

存 [cún]
동 모으다. 저축하다.

注意 [zhùyì]
동 주의하다. 신경쓰다.

分类 [fēnlèi]
동 분류하다.

环保 [huánbǎo]
명 약칭 환경 보호.

耍小聪明 [shuǎxiǎocōngming]
속어 잔꾀를 쓰다. 잔머리를 굴리다.

发现 [fāxiàn]
동 발견하다.

体力活 [tǐlìhuó]
명 육체노동.

反对 [fǎnduì]
동 반대하다.

超过 [chāoguò]
동 초과하다. 넘다.

经过 [jīngguò]
동 경과하다. 거치다. 지나다. 통과하다.

吃土 [chītǔ]
인터넷 신조어 돈이 다 떨어져서 이제는 흙을 먹게 생겼다는 뜻.

坚持 [jiānchí]
동 꾸준히 하다.

申请 [shēnqǐng]
명,동 신청(하다).

拒绝 [jùjué]
동 거절하다. 거부하다.

擦 [cā]
동 칠하다. 바르다.

裤子 [kùzi]
명 바지.

名牌儿 [míngpáir]
명 유명 브랜드.

量 [liáng]
동 재다. 달다.

体温 [tǐwēn]
명 체온.

通知 [tōngzhī]
동 통지하다. 알리다.

生鱼片 [shēngyúpiàn]
명 생선회.

要求 [yāoqiú]
명 요구. 요망.

打针 [dǎzhēn]
동 주사를 맞다.

效果 [xiàoguǒ]
명 효과.

打点滴 [dǎdiǎndī]
동 수액하다.

受 [shòu]
동 받다.

刺激 [cìjī]
명 자극. 충격.

检查 [jiǎnchá]
명 검사.

爱美 [àiměi]
동 아름다운 것을 사랑하다. 멋내기를 좋아하다.

本能 [běnnéng]
명 본능.

皮肤 [pífū]
명 피부.

痒 [yǎng]
형 가렵다. 근질근질하다.

단어

확! 꽂히는 중국어 "단어는 총알이다"

谈恋爱 [tánliàn'ài]
동 연애하다.

恐怖 [kǒngbù]
형 공포스럽다.

座位 [zuòwèi]
명 자리. 좌석.

压力 [yālì]
명 스트레스.

终于 [zhōngyú]
부 마침내. 결국. 끝내.

皱纹 [zhòuwén]
명 주름. 주름살. 구김살.

减肥 [jiǎnféi]
동 살을 빼다. 다이어트하다.

文科 [wénkē]
명 문과.

理科 [lǐkē]
명 이과.

口语 [kǒuyǔ]
명 구어. 회화.

辞职 [cízhí]
동 사직하다.

销售 [xiāoshòu]
동 팔다. 판매하다.

成绩 [chéngjì]
명 성적. 성과.

应酬 [yìngchou]
명,동 응대(하다). 접대(하다).

扣税 [kòushuì]
동 세금을 공제하다.

资料 [zīliào]
명 자료.

备份 [bèifèn]
명,동 백업(하다).

担心 [dānxīn]
명 걱정.

多余 [duōyú]
형 쓸데없는. 필요 없는.

演讲 [yǎnjiǎng]
명 강연. 연설.

精彩 [jīngcǎi]
형 뛰어나다. 훌륭하다.

轻松 [qīngsōng]
형 (일 따위가) 수월하다. 가볍다.

稳定 [wěndìng]
형 안정되다. 변동이 없다.

严重 [yánzhòng]
형 심각하다.

放弃 [fàngqì]
동 포기하다.

梦想 [mèngxiǎng]
명 꿈.

搭配 [dāpèi]
동 배합[조합]하다.

新闻 [xīnwén]
명 뉴스.

热搜 [rèsōu]
명 인기 검색어.

台风 [táifēng]
명 태풍.

度 [dù]
동 (시간을) 보내다.

蜜月 [mìyuè]
명 허니문.

贵贱 [guìjiàn]
명 귀천.

132 확! 꽂히는 중국어

派对 [pàiduì]
명 파티(party).

西瓜 [xīguā]
명 수박.

籽儿 [zǐr]
명 (식물의) 씨. 씨앗. 종자.

终点站 [zhōngdiǎnzhàn]
명 종점.

产品 [chǎnpǐn]
명 산물. 제품.

退换 [tuìhuàn]
동 교환. 반품하다.

预言 [yùyán]
명 예언.

实现 [shíxiàn]
동 이루어지다.

兜风 [dōufēng]
동 바람을 쐬다. 드라이브하다.

回忆 [huíyì]
동 회상하다. 추억하다.

往事 [wǎngshì]
명 지난 일. 옛일.

年轻人 [niánqīngrén]
명 젊은이. 젊은 사람.

记忆力 [jìyìlì]
명 기억력.

팁 패턴이 문법보다 빠르다

很难 ⋯   ~하기 어려워.

덩어리로 외우세요!!

很难学。 hěn nán xué. 배우기 어려워.	很难改变。 hěn nán gǎi biàn. 고치기 어려워.
很难理解。 hěn nán lǐ jiě. 이해하기 어려워.	很难积累经验。 hěn nán jī lěi jīng yàn. 경험을 쌓기 어려워.

(你)真是个 ⋯   (넌)정말 ~한 사람이야.

덩어리로 외우세요!!

你真是个烟鬼。 Nǐ zhēn shì ge yān guǐ. 넌 정말 골초야.	你真是个胆小鬼。 Nǐ zhēn shì ge dǎn xiǎo guǐ. 넌 정말 겁쟁이야.
他真是个热情的人。 Tā zhēn shì ge rè qíng de rén. 그는 정말 열성적인 사람이야.	他真是个体贴的人。 Tā zhēn shì ge tǐ tiē de rén. 그는 정말 자상한 사람이야.

没有人比(我)更 … (나)보다 더 ~ 하는 사람은 없어.

덩어리로 외우세요!!

没有人比我更爱你。 Méi yǒu rén bǐ wǒ gèng ài nǐ. 나보다 널 더 사랑하는 사람은 없어.	没有人比我更懂。 Méi yǒu rén bǐ wǒ gèng dǒng. 나보다 더 잘 아는 사람은 없어.
没有人比他更合适。 Méi yǒu rén bǐ tā gèng hé shì. 그보다 더 적합한 사람은 없어.	没有人比你更帅。 Méi yǒu rén bǐ nǐ gèng shuài. 너보다 더 잘생긴 사람은 없어.

一 … 就 … ~ 하자마자 바로 ~ 하다.
~ 하기만 하면 ~ 하다.

덩어리로 외우세요!!

我一上班就盼下班。 Wǒ yí shàng bān jiù pàn xià bān. 출근하자 마자 퇴근이 기다려져요.	我一看见他就脸红。 Wǒ yí kàn jiàn tā jiù liǎn hóng. 난 그의 얼굴을 보기만 하면 얼굴이 빨개져요.
他一说我就明白。 Tā yì shuō wǒ jiù míng bai. 그가 말하면 전 바로 알아들어요.	我一到家就躺着。 Wǒ yí dào jiā jiù tǎng zhe. 나는 집에 오자마자 누워 있어요.

只是 … 而已   단지 ~ 일 뿐이야.

只是는 '다만, 오직'의 의미를 나타내며, 끝에 '而已(~일 뿐이다, ~에 불과하다)'를 더해주어 앞의 내용이 대수롭지 않다는 뉘앙스를 더해줄 때 사용해요.

덩어리로 외우세요!!

我只是随便问问而已。 Wǒ zhǐ shì suí biàn wèn wen ér yǐ. 나는 단지 물어봤을 뿐이야.	只是运气不好而已。 Zhǐ shì yùn qi bù hǎo ér yǐ. 단지 운이 없었을 뿐이야.
我们只是朋友而已。 Wǒ men zhǐ shì péng you ér yǐ. 우린 단지 친구일 뿐이야.	年龄只是个数字而已。 Nián líng zhǐ shì ge shù zì ér yǐ. 나이는 숫자일 뿐이야.

到A为止   A까지.

'어떠한 (시간/지점)까지 ~하다'의 의미이며, A에는 주로 시간이나 어떤 지점이 오고 시간의 한계를 설정할 때 주로 쓰여요.

덩어리로 외우세요!!

今天到此为止。 Jīn tiān dào cǐ wéi zhǐ. 오늘은 여기까지 할게요.	报名到23号为止。 Bào míng dào èr shí sān hào wéi zhǐ. 23일까지 신청하세요.
保质期到明天为止。 Bǎo zhì qī dào míng tiān wéi zhǐ. 유통기한이 내일까지예요.	他工作到上个月为止。 Tā gōng zuò dào shàng ge yuè wéi zhǐ. 그는 지난 달까지 일했어요.

九字

801句~1000句

Day 21

애 앞에서 싸우지 마세요. 0801	不要在孩子面前吵架。 Bú yào zài hái zi miàn qián chǎo jià.
모든 일에는 양면성이 있기 마련이야. 0802	任何事情都有两面性。 Rèn hé shì qing dōu yǒu liǎng miàn xìng.
누구나 실수할 때가 있지요. 0803	谁都有犯错误的时候。 Shéi dōu yǒu fàn cuò wù de shí hou.
어떻게 한 입으로 두말할 수가 있어? 0804	你怎么能出尔反尔呢? Nǐ zěn me néng chū ěr fǎn ěr ne?
걔는 나를 전혀 아껴주지 않아. 0805	他一点儿都不珍惜我。 Tā yì diǎnr dōu bù zhēn xī wǒ.
용기를 내서 그에게 고백해 봐. 0806	鼓起勇气来跟他表白。 Gǔ qǐ yǒng qì lái gēn tā biǎo bái.
너 오늘 집 좀 치워. 0807	你今天把家收拾收拾。 Nǐ jīn tiān bǎ jiā shōu shi shōu shi.
내가 잔소리하고 싶어서 하는 줄 알아? 0808	你以为我愿意叨叨啊? Nǐ yǐ wéi wǒ yuàn yì dāo dao a?
혹시 또 게임하는 거 아냐? 0809	是不是又玩儿游戏了? Shì bu shì yòu wánr yóu xì le?
너 이렇게 많이 먹으면 살 못 빼. 0810	你吃这么多减不了肥。 Nǐ chī zhè me duō jiǎn bu liǎo féi.

| 어떻게 해야 너의 마음을 얻을 수 있니? | 怎样才能得到你的心？ |
| 0811 | Zěn yàng cái néng dé dào nǐ de xīn? |

나이는 숫자에 불과해.
0812
年龄只是个数字而已。
Nián líng zhǐ shì ge shù zì ér yǐ.

뜨거운 환대에 감사드립니다.
0813
谢谢你们的热情招待。
Xiè xie nǐ men de rè qíng zhāo dài.

내 심장이 엄청 빨리 뛰어요.
0814
我的心脏跳得非常快。
Wǒ de xīn zàng tiào de fēi cháng kuài.

이 드라마는 모두 10회에요.
0815
这个电视剧一共十集。
Zhè ge diàn shì jù yí gòng shí jí.

그는 매우 절약하는 사람이에요.
0816
他是一个很节约的人。
Tā shì yí ge hěn jié yuē de rén.

나 학원에서 외국어 배워.
0817
我在补习班学习外语。
Wǒ zài bǔ xí bān xué xí wài yǔ.

그의 성적은 예전만 못해요.
0818
他的成绩不如以前了。
Tā de chéng jì bù rú yǐ qián le.

지하철에 우산을 놓고 내렸어요.
0819
我把伞落在地铁上了。
Wǒ bǎ sǎn là zài dì tiě shàng le.

어떤 이유든 사람을 때리면 안 돼.
0820
有理没理都不能打人。
Yǒu lǐ méi lǐ dōu bù néng dǎ rén.

五字 六字 七字 八字 九字 十字

회사에서 짜증난 일을 집에 가져오지 마. 0821	别把工作烦恼带回家。 Bié bǎ gōng zuò fán nǎo dài huí jiā.
남 뒤에서 다른 사람에 대해 이러쿵 저러쿵 말하지마. 0822	不要在背后评论别人。 Bú yào zài bèi hòu píng lùn bié rén.
이 일은 내가 진작에 예상했어요. 0823	这件事我早就料到了。 Zhè jiàn shì wǒ zǎo jiù liào dào le.
사과 껍질에 농약 많아요. 0824	苹果皮上有很多农药。 Píng guǒ pí shàng yǒu hěn duō nóng yào.
너가 말한 만큼 그렇게 심각하진 않아. 0825	没有你说的那么严重。 Méi yǒu nǐ shuō de nà me yán zhòng.
이 고추장이 제일 잘 팔려요. 0826	这种辣椒酱卖得最好。 Zhè zhǒng là jiāo jiàng mài de zuì hǎo.
많은 사람들이 직장을 잃었어요. 0827	很多人都没有工作了。 Hěn duō rén dōu méi yǒu gōng zuò le.
그의 검사 결과는 음성이에요. 0828	他的检查结果是阴性。 Tā de jiǎn chá jié guǒ shì yīn xìng.
내 생각엔 걔 상사병인 것 같아. 0829	我看他得的是相思病。 Wǒ kàn tā dé de shì xiāng sī bìng.
요리할 때 기름을 조금만 넣으세요. 0830	你做菜时少放点儿油。 Nǐ zuò cài shí shǎo fàng diǎnr yóu.

시험시간은 30분입니다.
0831
考试时间是三十分钟。
Kǎo shì shí jiān shì sān shí fēn zhōng.

이것은 매우 중요한 문서예요.
0832
这是非常重要的文件。
Zhè shì fēi cháng zhòng yào de wén jiàn.

왜 중문과를 선택했나요?
0833
为什么选择了中文系？
Wèi shén me xuǎn zé le zhōng wén xì?

이 영화는 그가 감독한 거예요.
0834
这部电影是他导演的。
Zhè bù diàn yǐng shì tā dǎo yǎn de.

준비할 자료가 너무 많아요.
0835
要准备的资料太多了。
Yào zhǔn bèi de zī liào tài duō le.

내 성적이 잘못된 것 같아요.
0836
我的成绩好像出错了。
Wǒ de chéng jì hǎo xiàng chū cuò le.

다른 사람이 뭐라고 하든 신경 안 써.
0837
我不在乎别人说什么。
Wǒ bú zài hū bié rén shuō shén me.

그는 충격을 많이 받았어요.
0838
他受到的刺激太大了。
Tā shòu dào de cì jī tài dà le.

남녀 사이에 친구가 어디 있어.
0839
男女之间没有纯友谊。
Nán nǚ zhī jiān méi yǒu chún yǒu yì.

공공장소에서는 담배를 피우지 마세요.
0840
不要在公共场所吸烟。
Bú yào zài gōng gòng chǎng suǒ xī yān.

Day 22

너는 인간미가 있기는 하냐?
0841

你有没有人情味儿啊？
Nǐ yǒu méi yǒu rén qíng wèir a?

그는 사업을 해서 돈을 많이 벌었어요.
0842

他做生意赚了很多钱。
Tā zuò shēng yi zhuàn le hěn duō qián.

걔 알바해서 자기 학비 벌어.
0843

他打工赚自己的学费。
Tā dǎ gōng zhuàn zì jǐ de xué fèi.

주은 돈은 바로 써야 돼요.
0844

捡来的钱得马上花掉。
Jiǎn lái de qián děi mǎ shàng huā diào.

우리 썸 타는 중이야.
0845

我们正处于暧昧阶段。
Wǒ men zhèng chǔ yú ài mèi jiē duàn.

롯데마트 오늘 문 안 열어요.
0846

乐天超市今天不开门。
Lè tiān chāo shì jīn tiān bù kāi mén.

오늘 인터넷이 왜 이렇게 느린 거야?
0847

今天的网怎么这么差？
Jīn tiān de wǎng zěn me zhè me chà?

그 사람 가발이 진짜 감쪽같아요.
0848

他的假发跟真的一样。
Tā de jiǎ fà gēn zhēn de yí yàng.

분위기가 왜 이렇게 다운되었어?
0849

为什么气氛这么闷啊？
Wèi shén me qì fēn zhè me mēn a?

너 생일선물로 뭐 받고 싶어?
0850

你想要什么生日礼物？
Nǐ xiǎng yào shén me shēng rì lǐ wù?

매일 운동하면 좋은 점이 많아요. 0851	每天运动有很多好处。 Měi tiān yùn dòng yǒu hěn duō hǎo chu.
매일 운동하면 잠이 잘 와요. 0852	每天运动有助于睡眠。 Měi tiān yùn dòng yǒu zhù yú shuì mián.
지금의 몸매를 유지하고 싶어요. 0853	我想保持现在的身材。 Wǒ xiǎng bǎo chí xiàn zài de shēn cái.
인스턴트 식품은 몸에 좋지 않아요. 0854	方便食品对身体不好。 Fāng biàn shí pǐn duì shēn tǐ bù hǎo.
너는 어떤 사람이 되고 싶니? 0855	你想成为什么样的人？ Nǐ xiǎng chéng wéi shén me yàng de rén?
햄버거는 열량이 너무 높아요. 0856	汉堡包的热量太高了。 Hàn bǎo bāo de rè liàng tài gāo le.
어젯밤부터 계속 머리가 아파요. 0857	从昨晚开始一直头疼。 Cóng zuó wǎn kāi shǐ yì zhí tóu téng.
나도 방금 생각났어요. 0858	我也是刚刚想起来的。 Wǒ yě shì gāng gāng xiǎng qǐ lái de.
너는 매일 몇 시간씩 운동하니? 0859	你每天运动几个小时？ Nǐ měi tiān yùn dòng jǐ ge xiǎo shí?
한 5분 정도 걸으면 도착해요. 0860	大概走五分钟就到了。 Dà gài zǒu wǔ fēn zhōng jiù dào le.

그의 건강은 예전만 못 해요. 0861	他的身体不如以前了。 Tā de shēn tǐ bù rú yǐ qián le.
나는 한 달에 한 번 머리를 잘라요. 0862	我一个月剪一次头发。 Wǒ yí ge yuè jiǎn yí cì tóu fa.
이건 정상적인 생리현상이에요. 0863	这是正常的生理现象。 Zhè shì zhèng cháng de shēng lǐ xiàn xiàng.
모든 어려움은 잠시일 뿐이에요. 0864	一切困难都是暂时的。 Yí qiè kùn nan dōu shì zàn shí de.
넌 어떤 스타일의 옷을 좋아해? 0865	你喜欢什么样的衣服？ Nǐ xǐ huan shén me yàng de yī fu?
저는 301호실에 묵고 있어요. 0866	我住在301号房间。 Wǒ zhù zài sān líng yāo hào fáng jiān.
아주 가끔 골프를 쳐요. 0867	我偶尔打打高尔夫球。 Wǒ ǒu ěr dǎ da gāo ěr fū qiú.
나에게 준 주소가 정확한 거야? 0868	你给我的地址正确吗？ Nǐ gěi wǒ de dì zhǐ zhèng què ma?
내 꿈은 예쁜 여자랑 결혼하는 거야. 0869	我的梦想是娶个美女。 Wǒ de mèng xiǎng shì qǔ ge měi nǚ.
그들 두 사람은 아직도 할말이 많이 남았어요. 0870	他们俩有说不完的话。 Tā men liǎ yǒu shuō bu wán de huà.

나 오늘 한 끼도 안 먹었어. 0871	我今天一顿饭都没吃。 Wǒ jīn tiān yí dùn fàn dōu méi chī.
너 혹시 식중독 걸린 거 아냐? 0872	你是不是食物中毒了？ Nǐ shì bu shì shí wù zhòng dú le?
내 지갑에 만 원밖에 안 남았어. 0873	我钱包里只剩一万块。 Wǒ qián bāo lǐ zhǐ shèng yí wàn kuài.
이게 이미 가장 큰 사이즈에요. 0874	这已经是最大号的了。 Zhè yǐ jīng shì zuì dà hào de le.
요즘 날씨가 정말 변덕스러워요. 0875	最近的天气真是多变。 Zuì jìn de tiān qì zhēn shi duō biàn.
너희 회사 직원이 몇 명이야? 0876	你们公司有多少员工？ Nǐ men gōng sī yǒu duō shao yuán gōng?
이력서를 어떻게 써야 할지 모르겠어. 0877	我不知道怎么写简历。 Wǒ bù zhī dào zěn me xiě jiǎn lì.
내일 언제 가야 좋을까? 0878	明天什么时候去好呢？ Míng tiān shén me shí hou qù hǎo ne?
여행 전에 계획을 세우는 것이 좋아요. 0879	旅游前最好做个计划。 Lǚ yóu qián zuì hǎo zuò ge jì huà.
눈물이 날 정도로 매워요. 0880	我辣得眼泪都出来了。 Wǒ là de yǎn lèi dōu chū lái le.

五字 六字 七字 八字 九字 十字

Day 23

너 언제 장가 갈 거야? 0881	**你打算什么时候成家？** Nǐ dǎ suàn shén me shí hou chéng jiā?
내일 아침 7시에 나 좀 깨워줘. 0882	**明天早上七点叫醒我。** Míng tiān zǎo shang qī diǎn jiào xǐng wǒ.
출장 갔다 언제 와? 0883	**你出差什么时候回来？** Nǐ chū chāi shén me shí hou huí lái?
너희 회사 복리후생이 좋아? 0884	**你们公司的福利好吗？** Nǐ men gōng sī de fú lì hǎo ma?
요즘 보이스피싱이 극성이야. 0885	**最近电话诈骗很厉害。** Zuì jìn diàn huà zhà piàn hěn lì hai.
너 핸드폰 벨소리가 너무 커. 0886	**你的手机铃声太大了。** Nǐ de shǒu jī líng shēng tài dà le.
내 말소리 잘 들려? 0887	**你能听清楚我说话吗？** Nǐ néng tīng qīng chu wǒ shuō huà ma?
나 방금 전의 일을 잊었어. 0888	**我把刚才的事儿忘了。** Wǒ bǎ gāng cái de shìr wàng le.
우리 둘 사이가 더 좋아졌아요. 0889	**我们俩的感情更好了。** Wǒ men liǎ de gǎn qíng gèng hǎo le.
그는 나에게 밥 한 끼 해 준 적이 없어요. 0890	**他没给我做过一顿饭。** Tā méi gěi wǒ zuò guo yí dùn fàn.

우리 얘기하다가 지나쳤어.
0891
我们聊着聊着坐过了。
Wǒ men liáo zhe liáo zhe zuò guò le.

당신 회사는 어떤 회사입니까?
0892
你们公司是什么公司？
Nǐ men gōng sī shì shén me gōng sī?

그는 공부를 예전만 열심히 하지 않아요.
0893
他学习不如以前努力。
Tā xué xí bù rú yǐ qián nǔ lì.

삼겹살을 상추에 싸서 먹어요.
0894
五花肉用生菜包着吃。
Wǔ huā ròu yòng shēng cài bāo zhe chī.

난 두 아이의 엄마예요.
0895
我是两个孩子的妈了。
Wǒ shì liǎng ge hái zi de mā le.

울었더니 속이 많이 후련해졌어요.
0896
哭一哭心里舒服多了。
Kū yi kū xīn lǐ shū fu duō le.

이러면 경력을 쌓을 수 있어요.
0897
这样能积累工作经验。
Zhè yàng néng jī lěi gōng zuò jīng yàn.

사랑은 말로 표현하기 어려운 거예요.
0898
爱难以用语言来表达。
Ài nán yǐ yòng yǔ yán lái biǎo dá.

왜 우리 회사에 지원했나요?
0899
为什么应聘我们公司？
Wèi shén me yìng pìn wǒ men gōng sī?

당신이 원하시는 연봉은 얼마인가요?
0900
你期待的年薪是多少？
Nǐ qī dài de nián xīn shì duō shao?

넌 세상에서 제일 좋은 사람이야. 0901	你是世界上最好的人。 Nǐ shì shì jiè shàng zuì hǎo de rén.
너한테 어려움이 많다는 것 알아. 0902	我知道你有很多困难。 Wǒ zhī dào nǐ yǒu hěn duō kùn nan.
헌 옷 안 입으면 버려! 0903	旧衣服不穿就扔了吧！ Jiù yī fu bù chuān jiù rēng le ba!
네가 말한 거 진심이야? 0904	你说的话是真心的吗？ Nǐ shuō de huà shì zhēn xīn de ma?
가족력이 있으신가요? 0905	你们家有遗传病史吗？ Nǐ men jiā yǒu yí chuán bìng shǐ ma?
이 시간에 어디를 가려고? 0906	这个时间你要去哪儿？ Zhè ge shí jiān nǐ yào qù nǎr?
택배 확인해 보세요. 0907	请检查一下您的快递。 Qǐng jiǎn chá yí xià nín de kuài dì.
나 그 사람 전화번호 알아냈어. 0908	我拿到他的手机号了。 Wǒ ná dào tā de shǒu jī hào le.
내 문서 하나가 없어졌어. 0909	我的一个文件不见了。 Wǒ de yí ge wén jiàn bú jiàn le.
자신을 보호하는 건 인간의 본능이야. 0910	保护自己是人的本能。 Bǎo hù zì jǐ shì rén de běn néng.

대체 왜 나를 배신하는 거야?
0911

경험과 인맥을 쌓기가 어렵네요.
0912

선물이 비쌀수록 좋다고 생각하진 않아.
0913

그는 무역회사에서 일한 적이 있어요.
0914

너 먹고 싶은 거 다 사줄게.
0915

걔 사랑하지 않는 사람에게 시집갔어.
0916

이렇게 한 건
돈을 벌기 위해서가 아니에요.
0917

가격은 당연히 쌀수록 좋지요.
0918

무슨 일이든 다 처음부터 시작해야죠.
0919

나의 삶이 공허해졌어요.
0920

你到底为什么背叛我？
Nǐ dào dǐ wèi shén me bèi pàn wǒ?

很难积累经验和人脉。
Hěn nán jī lěi jīng yàn hé rén mài.

礼物不见得越贵越好。
Lǐ wù bú jiàn dé yuè guì yuè hǎo.

他在贸易公司工作过。
Tā zài mào yì gōng sī gōng zuò guo.

你想吃什么我都请你。
Nǐ xiǎng chī shén me wǒ dōu qǐng nǐ.

她嫁给了她不爱的人。
Tā jià gěi le tā bú ài de rén.

这样做不是为了赚钱。
Zhè yàng zuò bú shì wèi le zhuàn qián.

价格当然越便宜越好。
Jià gé dāng rán yuè pián yi yuè hǎo.

任何事都要从头做起。
Rèn hé shì dōu yào cóng tóu zuò qǐ.

我的生活变得很空虚。
Wǒ de shēng huó biàn de hěn kōng xū.

五字 六字 七字 八字 九字 十字

801～1000句　149

Day 24

좋은 일이 생기기를 바래요.
0921

我希望有好事儿发生。
Wǒ xī wàng yǒu hǎo shìr fā shēng.

근무시간에 게으름 피우지 마세요.
0922

你不要在工作中偷懒。
Nǐ bú yào zài gōng zuò zhōng tōu lǎn.

매년 김장 김치를 담가요.
0923

我每年都做过冬泡菜。
Wǒ měi nián dōu zuò guò dōng pào cài.

나는 여기서 많은 것을 배웠어요.
0924

我在这里学到了很多。
Wǒ zài zhè lǐ xué dào le hěn duō.

내가 너한테 마술 보여 줄게.
0925

我给你表演一个魔术。
Wǒ gěi nǐ biǎo yǎn yí ge mó shù.

가장 골치 아픈 건 수학이야.
0926

让我最头疼的是数学。
Ràng wǒ zuì tóu téng de shì shù xué.

너 좀 전에 배불리 먹은 거 아니었어?
0927

你刚才不是吃饱了吗?
Nǐ gāng cái bú shì chī bǎo le ma?

그는 업무상 실수를 잘 안 해요.
0928

他在工作上很少出错。
Tā zài gōng zuò shàng hěn shǎo chū cuò.

접시 하나 갖다 주세요.
0929

请给我拿一个小碟儿。
Qǐng gěi wǒ ná yí ge xiǎo diér.

영수증 좀 보여주세요.
0930

给我看一下你的收据。
Gěi wǒ kàn yí xià nǐ de shōu jù.

이 일은 회사가 잘못 처리했어요. 0931	这件事公司处理不当。 Zhè jiàn shì gōng sī chǔ lǐ bú dàng.
내 신용카드 한도 초과했어. 0932	我的信用卡被刷爆了。 Wǒ de xìn yòng kǎ bèi shuā bào le.
면접 결과를 문자로 알려줄게요. 0933	面试结果用短信通知。 Miàn shì jié guǒ yòng duǎn xìn tōng zhī.
제 상사는 능력이 별로 없어요. 0934	我的上司没什么能力。 Wǒ de shàng si méi shén me néng lì.
휴지통에 가서 찾아봐! (컴퓨터) 0935	你到回收站里找找看！ Nǐ dào huí shōu zhàn lǐ zhǎo zhao kàn!
그는 아버지 어머니도 없고 가족도 없어. 0936	他无父无母没有亲人。 Tā wú fù wú mǔ méi yǒu qīn rén.
그는 나에게 쌀쌀맞아요. 0937	他对我的态度很冷淡。 Tā duì wǒ de tài du hěn lěng dàn.
우리 사무실은 일손은 적고 일이 많아. 0938	我们办公室人少事多。 Wǒ men bàn gōng shì rén shǎo shì duō.
지금 평생직업이 어딨어? 0939	现在哪有什么铁饭碗？ Xiàn zài nǎ yǒu shén me tiě fàn wǎn?
결혼은 사랑의 무덤인가요? 0940	婚姻是爱情的坟墓吗？ Hūn yīn shì ài qíng de fén mù ma?

五字　六字　七字　八字　九字　十字

주식 투자는 리스크가 커요. 0941	投资股票的风险很大。 Tóu zī gǔ piào de fēng xiǎn hěn dà.
난 언제 부자가 될 수 있을까? 0942	我什么时候能发大财？ Wǒ shén me shí hou néng fā dà cái?
너 화내는 모습이 너무 귀여워. 0943	你生气的样子真可爱。 Nǐ shēng qì de yàng zi zhēn kě ài.
어느 나라로 여행 가고 싶니? 0944	你想去哪个国家旅游？ Nǐ xiǎng qù nǎ ge guó jiā lǚ yóu?
이번 교훈을 꼭 기억해. 0945	你要记住这次的教训。 Nǐ yào jì zhu zhè cì de jiào xun.
그는 상상력이 너무 풍부해요. 0946	他的想象力太丰富了。 Tā de xiǎng xiàng lì tài fēng fù le.
걸어가면서 먹지 마. 0947	你不要一边走一边吃。 Nǐ bú yào yì biān zǒu yì biān chī.
너 말하는 속도가 너무 빨라. 0948	你说话的速度太快了。 Nǐ shuō huà de sù dù tài kuài le.
너 이러면 실례야. 0949	你这样做是很失礼的。 Nǐ zhè yàng zuò shì hěn shī lǐ de.
가지 말고 나랑 같이 있어줄래? 0950	你能不能留下来陪我？ Nǐ néng bu néng liú xià lái péi wǒ?

맥도날드 먹을까, KFC 먹을까? 0951	吃麦当劳还是肯德基？ Chī Mài dāng láo hái shi Kěn dé jī?
걔 내 차 못 끌고 다니게 할 거야. 0952	我不会让他开我的车。 Wǒ bú huì ràng tā kāi wǒ de chē.
나 절대 너한테 시집 안 갈 거야. 0953	我绝对不会嫁给你的。 Wǒ jué duì bú huì jià gěi nǐ de.
그의 성적은 여전히 안 올랐어. 0954	他的成绩还是没提高。 Tā de chéng jì hái shi méi tí gāo.
그는 여전히 자신에게 만족하지 않아. 0955	他还是对自己不满意。 Tā hái shi duì zì jǐ bù mǎn yì.
너의 공부에 지장을 주고 싶지 않아. 0956	我不想影响你的学习。 Wǒ bù xiǎng yǐng xiǎng nǐ de xué xí.
더 많은 인맥을 쌓고 싶어요. 0957	我想积累更多的人脉。 Wǒ xiǎng jī lěi gèng duō de rén mài.
그에게 좋은 인상을 남기고 싶어요. 0958	我想给他留个好印象。 Wǒ xiǎng gěi tā liú ge hǎo yìn xiàng.
그는 강인하고 용감한 사람이야. 0959	他是个坚强勇敢的人。 Tā shì ge jiān qiáng yǒng gǎn de rén.
그의 호의를 거절할 수 없어요. 0960	我拒绝不了他的好意。 Wǒ jù jué bu liǎo tā de hǎo yì.

五字 六字 七字 八字 **九字** 十字

Day 25

이 사실을 받아들일 수 없어요. 0961	我接受不了这个事实。 Wǒ jiē shòu bu liǎo zhè ge shì shí.
보다가 잠이 들었어요. 0962	我看着看着就睡着了。 Wǒ kàn zhe kàn zhe jiù shuì zháo le.
요즘 사고 싶은 옷이 있어요. 0963	最近我有想买的衣服。 Zuì jìn wǒ yǒu xiǎng mǎi de yī fu.
그가 나보다 하루를 더 쉬었어요. 0964	他比我多休息了一天。 Tā bǐ wǒ duō xiū xi le yì tiān.
의사선생님이 입원해서 치료하는 것이 좋다고 했어요. 0965	医生说最好住院治疗。 Yī shēng shuō zuì hǎo zhù yuàn zhì liáo.
한 반에 학생이 몇 명인가요? 0966	一个班里有多少学生？ Yí ge bān lǐ yǒu duō shao xué shēng?
이 근처에 맛있는 게 많아. 0967	这附近有很多好吃的。 Zhè fù jìn yǒu hěn duō hǎo chī de.
갑자기 일이 생겨서 못 가요. 0968	我突然有事去不了了。 Wǒ tū rán yǒu shì qù bu liǎo le.
정말 너무 미안해요. 0969	实在是太不好意思了。 Shí zài shì tài bù hǎo yì si le.
어젯밤에 더워서 잠을 못 잤어. 0970	昨天晚上热得睡不着。 Zuó tiān wǎn shang rè de shuì bu zháo.

우리 두 사람은 같은 해에 태어났어. 0971	我们俩是同年出生的。 Wǒ men liǎ shì tóng nián chū shēng de.
이것은 우리 고향의 특산품이에요. 0972	这是我们家乡的特产。 Zhè shì wǒ men jiā xiāng de tè chǎn.
어떻게 아무데나 침을 뱉을 수가 있어? 0973	你怎么可以随地吐痰？ Nǐ zěn me kě yǐ suí dì tǔ tán?
나 대신 출장 좀 가주면 안 될까? 0974	你能不能替我去出差？ Nǐ néng bu néng tì wǒ qù chū chāi?
수습기간에 급여는 얼마인가요? 0975	试用期的工资是多少？ Shì yòng qī de gōng zī shì duō shao?
너 오늘 생일 아니었어? 0976	你不是今天过生日吗？ Nǐ bú shì jīn tiān guò shēng rì ma?
처음에는 조금 긴장했어요. 0977	我刚开始有点儿紧张。 Wǒ gāng kāi shǐ yǒu diǎnr jǐn zhāng.
그는 연거푸 소주 세 병을 마셨어요. 0978	他一连喝了三瓶烧酒。 Tā yì lián hē le sān píng shāo jiǔ.
혼자 여행하는 것을 좋아하지 않아요. 0979	我不喜欢一个人旅游。 Wǒ bù xǐ huan yí ge rén lǚ yóu.
머리가 거의 다 하얗게 새었어요. 0980	我的头发几乎都白了。 Wǒ de tóu fa jī hū dōu bái le.

그는 서울에 있는 대학에 합격했어요. 0981	他考上了首尔的大学。 Tā kǎo shàng le Shǒu ěr de dà xué.
집에 낯선 사람이 왔어요. 0982	家里来了一个陌生人。 Jiā lǐ lái le yí ge mò shēng rén.
그의 소설은 정식으로 출판되었어요. 0983	他的小说正式出版了。 Tā de xiǎo shuō zhèng shì chū bǎn le.
더 이상 살아갈 용기가 없어요. 0984	我没有活下去的勇气。 Wǒ méi yǒu huó xià qù de yǒng qì.
모르면 다른 사람에게 많이 물어봐. 0985	你不会就多问问别人。 Nǐ bú huì jiù duō wèn wen bié rén.
방금 그가 한 말은 일리가 있어요. 0986	刚才他说的话有道理。 Gāng cái tā shuō de huà yǒu dào li.
결혼식 하는 데 얼마 들었어? 0987	你办婚礼花了多少钱？ Nǐ bàn hūn lǐ huā le duō shao qián?
이게 당뇨병을 예방해요. 0988	这个可以预防糖尿病。 Zhè ge kě yǐ yù fáng táng niào bìng.
다른 사람에게 해가 되는 생각을 하면 안 돼요. 0989	你不能有害人的想法。 Nǐ bù néng yǒu hài rén de xiǎng fǎ.
더 늦으면 비행기 놓쳐요. 0990	再晚就赶不上飞机了。 Zài wǎn jiù gǎn bu shàng fēi jī le.

어젯밤에 밤새워 월드컵 봤어. 0991	我昨晚熬夜看世界杯。 Wǒ zuó wǎn áo yè kàn shì jiè bēi.
더 이상 가난하게 살고 싶지 않아요. 0992	我不想再过穷日子了。 Wǒ bù xiǎng zài guò qióng rì zi le.
당신은 내 마음속의 영웅이에요. 0993	你是我心目中的英雄。 Nǐ shì wǒ xīn mù zhōng de yīng xióng.
이 책을 그에게 전해주세요. 0994	请把这本书转交给他。 Qǐng bǎ zhè běn shū zhuǎn jiāo gěi tā.
이것이 내 인생의 전환점이었어요. 0995	这是我人生的转折点。 Zhè shì wǒ rén shēng de zhuǎn zhé diǎn.
운전면허 기간이 지났어요. 0996	我的驾照已经过期了。 Wǒ de jià zhào yǐ jīng guò qī le.
비가 며칠째 내리고도 그치질 않아요. 0997	雨下了好几天还不停。 Yǔ xià le hǎo jǐ tiān hái bù tíng.
그는 진작부터 출국할 계획이 있었어. 0998	他早就有出国的打算。 Tā zǎo jiù yǒu chū guó de dǎ suàn.
커피 한 잔 사면 안 될까? 0999	你能请我喝杯咖啡吗？ Nǐ néng qǐng wǒ hē bēi kā fēi ma?
우리 꼭 다시 만나요. 1000	我们一定会再见面的。 Wǒ men yí dìng huì zài jiàn miàn de.

五字　六字　七字　八字　**九字**　十字

확! 꽂히는 중국어　　　"단어는 총알이다"

面前 [miànqián]
명 면전. (눈) 앞.

吵架 [chǎojià]
동 다투다. 말다툼하다.

任何 [rènhé]
대명사 어떠한 [주로 '都'와 호응].

两面性 [liǎngmiànxìng]
명 양면성.

犯 [fàn]
동 저지르다. 범하다.

错误 [cuòwù]
명 틀린 행위. 실수. 잘못.

出尔反尔 [chū'ěrfǎn'ěr]
성어 이랬다 저랬다 하다.

珍惜 [zhēnxī]
동 소중히 여기다.

鼓起 [gǔqǐ]
동 (용기를) 불러일으키다.

勇气 [yǒngqì]
명 용기.

表白 [biǎobái]
동 고백하다.

收拾 [shōushi]
동 치우다. 정리하다.

以为 [yǐwéi]
동 생각하다. …인 줄 알다.

愿意 [yuànyì]
동 …하기를 원하다.

叨叨 [dāodao]
동 잔소리하다.

年龄 [niánlíng]
명 연령. 나이.

数字 [shùzì]
명 숫자.

而已 [éryǐ]
조사 …만. …뿐.

热情 [rèqíng]
형 열정적이다. 친절하다.

招待 [zhāodài]
동 초대하다. 접대하다. 환대하다.

心脏 [xīnzàng]
명 심장.

跳 [tiào]
동 뛰다.

电视剧 [diànshìjù]
명 드라마.

一共 [yígòng]
부 합계. 전부. 모두.

集 [jí]
명 (영화. 드라마의) 편. 회.

节约 [jiéyuē]
동 절약하다.

补习班 [bǔxíbān]
명 학원.

外语 [wàiyǔ]
명 외국어.

成绩 [chéngjì]
명 성적. 성과.

不如 [bùrú]
동 …만 못하다. …하는 편이 낫다.

落 [là]
동 빠뜨리다. 깜박 놓고 오다.

烦恼 [fánnǎo]
명 번뇌. 걱정.

背后 [bèihòu]
부 암암리에. 남몰래. 뒤에서.

评论 [pínglùn]
동 이러쿵저러쿵 말하다.

料到 [liàodào]
동 미리 내다보다. 예측하다.

皮 [pí]
명 껍질.

农药 [nóngyào]
명 농약.

辣椒酱 [làjiāojiàng]
명 요리 고추장.

检查 [jiǎnchá]
동 검사하다.

阴性 [yīnxìng]
명 음성.

相思病 [xiāngsībìng]
명 상사병.

油 [yóu]
명 기름.

文件 [wénjiàn]
명 서류. 문건.

选择 [xuǎnzé]
동 선택하다.

中文系 [zhōngwénxì]
명 중문학과.

导演 [dǎoyǎn]
동 연출하다. 감독하다.

准备 [zhǔnbèi]
동 준비하다.

资料 [zīliào]
명 자료.

好像 [hǎoxiàng]
부 마치 …과 같다[비슷하다].

出错 [chūcuò]
동 실수를 하다.

在乎 [zàihū]
동 마음에 두다. 개의하다.

刺激 [cìjī]
명 충격.

纯 [chún]
형 (티 없이) 깨끗하다. 순수하다.

友谊 [yǒuyì]
명 우의. 우정.

公共场所 [gōnggòngchǎngsuǒ]
명 공공장소.

吸烟 [xīyān]
동 담배를 피우다.

人情味儿 [rénqíngwèir]
명 인간미. 인정미.

做生意 [zuòshēngyi]
동 장사를 하다. 사업을 하다.

赚 [zhuàn]
동 (돈을) 벌다.

打工 [dǎgōng]
명,동 아르바이트 (하다)

学费 [xuéfèi]
명 학비. 학자금. 수업료.

捡 [jiǎn]
동 줍다.

马上 [mǎshàng]
부 곧. 즉시.

花掉 [huādiào]
동 써 버리다. 소비해 버리다.

处于 [chǔyú]
동 어떤 지위나 상태에 처하다.

暧昧 [àimèi]
형 (행위 특히 남녀 관계가) 애매하다.

단어 확! 꽂히는 중국어 — "단어는 총알이다"

阶段 [jiēduàn]
명 단계.

超市 [chāoshì]
명 슈퍼마켓.

差 [chà]
형 나쁘다. 좋지 않다.

假发 [jiǎfà]
명 가발.

气氛 [qìfēn]
명 분위기.

闷 [mēn]
형 답답하다. 갑갑하다.

好处 [hǎochu]
명 장점. 좋은 점.

有助于 [yǒuzhùyú]
사동 …에 도움이 되다.

睡眠 [shuìmián]
명 수면.

保持 [bǎochí]
동 유지하다.

身材 [shēncái]
명 몸매.

方便食品 [fāngbiànshípǐn]
명 인스턴트 식품.

成为 [chéngwéi]
동 …으로 되다.

汉堡包 [hànbǎobāo]
명 햄버거.

热量 [rèliàng]
명 열량.

一直 [yìzhí]
부 계속해서.

头疼 [tóuténg]
형 머리[골치]가 아프다.

想起来 [xiǎngqǐlái]
동 생각나다. 생각이 떠오르다.

大概 [dàgài]
부 대강(의). 대충(의).

剪 [jiǎn]
동 자르다. 깎다.

正常 [zhèngcháng]
형 정상(적)이다.

生理现象 [shēnglǐxiànxiàng]
명 생리 현상.

一切 [yíqiè]
형 일체의. 모든.

困难 [kùnnan]
명 곤란. 어려움. 애로.

暂时 [zànshí]
명 잠깐. 잠시. 일시.

偶尔 [ǒu'ěr]
부 간혹. 이따금. 때때로.

高尔夫球 [gāo'ěrfūqiú]
명 골프.

地址 [dìzhǐ]
명 주소.

正确 [zhèngquè]
형 정확하다. 올바르다.

梦想 [mèngxiǎng]
명 꿈.

娶 [qǔ]
동 장가가다. 장가들다. 아내를 얻다.

顿 [dùn]
양사 번. 차례. 끼니.

食物中毒 [shíwùzhòngdú]
명 식중독.

钱包 [qiánbāo]
명 돈지갑.

剩 [shèng]
동 남다.

大号 [dàhào]
명 큰 사이즈[치수].

员工 [yuángōng]
명 직원.

简历 [jiǎnlì]
명 이력서.

旅游 [lǚyóu]
명,동 여행(하다). 관광(하다).

计划 [jìhuà]
명 계획.

辣 [là]
형 맵다.

眼泪 [yǎnlèi]
명 눈물.

打算 [dǎsuàn]
동 …할 계획이다.

成家 [chéngjiā]
동 장가들다. 가정을 이루다.

叫醒 [jiàoxǐng]
동 (불러서) 깨다[깨우다].

出差 [chūchāi]
동 출장하다.

福利 [fúlì]
명 복리. 복지. 후생.

电话诈骗 [diànhuàzhàpiàn]
명 보이스피싱. 전화사기.

厉害 [lìhai]
형 심하다. 지독하다.

铃声 [língshēng]
명 벨 소리.

清楚 [qīngchu]
형 분명하다. 뚜렷하다.

忘 [wàng]
동 잊다. 망각하다.

感情 [gǎnqíng]
명 감정.

聊 [liáo]
동 한담하다. 잡담하다.

五花肉 [wǔhuāròu]
명 삼겹살.

生菜 [shēngcài]
명 상추.

哭 [kū]
동 울다.

舒服 [shūfu]
형 (육체나 정신이) 편안하다.

积累 [jīlěi]
동 쌓이다. 누적하다. 축적하다.

经验 [jīngyàn]
명,동 경험(하다).

难以 [nányǐ]
형 …하기 어렵다.

表达 [biǎodá]
동 (생각·감정을) 표현하다[나타내다].

应聘 [yìngpìn]
동 지원하다.

期待 [qīdai]
동 기대하다.

年薪 [niánxīn]
명 연봉.

世界 [shìjiè]
명 세계. 세상.

확! 꽂히는 중국어   "단어는 총알이다"

旧 [jiù]	扔 [rēng]	真心 [zhēnxīn]
형 헐다. 낡다.	동 내버리다.	명 진심.

遗传 [yíchuán]	病史 [bìngshǐ]	快递 [kuàidì]
명,동 유전(하다).	명 병력.	명 택배.

保护 [bǎohù]	本能 [běnnéng]	背叛 [bèipàn]
동 보호하다.	명 본능.	동 배반하다.

人脉 [rénmài]	礼物 [lǐwù]	不见得 [bújiàndé]
명 인맥.	명 선물.	동 반드시 …라고는 할 수 없다. …라고는 생각되지 않다.

贸易 [màoyì]	嫁 [jià]	赚钱 [zhuànqián]
명 무역.	동 시집가다.	동 돈을 벌다.

价格 [jiàgé]	便宜 [piányi]	空虚 [kōngxū]
명 가격.	형 (값이) 싸다.	형 공허하다. 허전하다.

希望 [xīwàng]	偷懒 [tōulǎn]	过冬泡菜 [guòdōngpàocài]
동 희망하다.	동 게으름 피우다. 꾀부리다.	명 김장 김치.

表演 [biǎoyǎn]	魔术 [móshù]	数学 [shùxué]
동 공연하다.	명 마술.	명 수학.

饱 [bǎo]	碟儿 [diér]	收据 [shōujù]
형 배부르다.	명 접시.	명 영수증.

处理 [chǔlǐ]	不当 [búdàng]	信用卡 [xìnyòngkǎ]
동 처리하다.	형 부당하다. 온당하지 않다.	명 신용 카드.

刷爆 [shuābào]	面试 [miànshì]	结果 [jiéguǒ]
동 한도 초과하다.	명 면접시험.	명 결실. 결과.

短信 [duǎnxìn]
명 메시지.

通知 [tōngzhī]
동 통지하다. 알리다.

上司 [shàngsi]
명 상사.

能力 [nénglì]
명 능력. 역량.

回收站 [huíshōuzhàn]
명 (컴퓨터) 휴지통.

无 [wú]
동 없다.

亲人 [qīnrén]
명 가족. 가까운 친척.

态度 [tàidu]
명 태도.

冷淡 [lěngdàn]
형 쌀쌀하다. 냉담하다. 냉정하다.

办公室 [bàngōngshì]
명 사무실.

铁饭碗 [tiěfànwǎn]
명 철밥통. 평생 직업.

婚姻 [hūnyīn]
명 혼인. 결혼.

爱情 [àiqíng]
명 애정.

坟墓 [fénmù]
명 무덤.

投资 [tóuzī]
동 투자하다.

股票 [gǔpiào]
명 증권.

风险 [fēngxiǎn]
명 위험. 리스크.

发财 [fācái]
동 부자가 되다.

生气 [shēngqì]
동 화내다. 성내다.

可爱 [kě'ài]
형 사랑스럽다. 귀엽다.

记住 [jìzhu]
동 확실히 기억해 두다.

教训 [jiàoxun]
명 교훈.

想象力 [xiǎngxiànglì]
명 상상력.

丰富 [fēngfù]
형 풍부하다. 많다.

速度 [sùdù]
명 속도.

失礼 [shīlǐ]
동 실례하다. 예의에 벗어나다.

陪 [péi]
동 모시다. 동반하다.

麦当劳 [Màidāngláo]
명 맥도날드.

肯德基 [Kěndéjī]
명 K.F.C

提高 [tígāo]
동 향상시키다. 높이다.

满意 [mǎnyì]
형 만족하다. 단족스럽다.

影响 [yǐngxiǎng]
동 영향을 주다.

印象 [yìnxiàng]
명 인상.

단어

확! 꽂히는 중국어 "단어는 총알이다"

坚强 [jiānqiáng]
형 굳세다. 굳고 강하다. 꿋꿋하다.

勇敢 [yǒnggǎn]
형 용감하다.

拒绝 [jùjué]
동 거절하다. 거부하다.

好意 [hǎoyì]
명 호의. 선의.

接受 [jiēshòu]
동 받아들이다. 수락하다. 받다. 접수하다.

事实 [shìshí]
명 사실.

休息 [xiūxi]
동 휴식하다.

住院 [zhùyuàn]
동 입원하다.

治疗 [zhìliáo]
동 치료하다.

附近 [fùjìn]
명 부근. 근처.

不好意思 [bùhǎoyìsi]
형 미안하다.

同年 [tóngnián]
명 같은 해.

出生 [chūshēng]
동 출생하다.

家乡 [jiāxiāng]
명 고향.

特产 [tèchǎn]
명 특산.

随地 [suídì]
부 어디서나. 아무데나.

吐痰 [tǔtán]
동 가래를 뱉다.

替 [tì]
동 대신하다. 대신해주다.

试用期 [shìyòngqī]
명 수습기간. 시용 기간.

工资 [gōngzī]
명 임금. 월급.

紧张 [jǐnzhāng]
형 긴장하다.

一连 [yìlián]
부 계속해서. 연이어. 연거푸.

烧酒 [shāojiǔ]
명 소주.

几乎 [jīhū]
부 거의.

首尔 [Shǒu'ěr]
명 서울.

陌生人 [mòshēngrén]
명 낯선 사람.

小说 [xiǎoshuō]
명 소설.

正式 [zhèngshì]
형 정식의. 공식의.

出版 [chūbǎn]
동 출판하다.

道理 [dàoli]
명 도리. 일리. 이치.

婚礼 [hūnlǐ]
명 결혼식. 혼례.

预防 [yùfáng]
동 예방하다.

糖尿病 [tángniàobìng]
명 당뇨병.

害人 [hàirén]
동 사람[남]을 해치다.

想法 [xiǎngfǎ]
명 생각. 의견.

赶不上 [gǎnbushàng]
동 제 시간에 댈 수 없다.

熬夜 [áoyè]
동 밤새움하다. 밤을 새다.

世界杯 [shìjièbēi]
명 월드컵.

穷 [qióng]
형 가난하다.

过 [guò]
동 지내다. 보내다.

日子 [rìzi]
명 시간. 세월. 날.

心目 [xīnmù]
명 심중(心中). 마음속.

英雄 [yīngxióng]
명 영웅.

转交 [zhuǎnjiāo]
동 (물건을) 전달하다. 전해 주다.

转折点 [zhuǎnzhédiǎn]
명 전환점.

驾照 [jiàzhào]
명 운전면허증.

过期 [guòqī]
동 기일이 지나다. 기한을 넘기다.

停 [tíng]
동 멎다. 멈추다. 정지하다.

팁 패턴이 문법보다 빠르다

谁都有 … 的时候　누구나 ~ 할 때가 있어.

덩어리로 외우세요!!

谁都有犯错误的时候。
Shéi dōu yǒu fàn cuò wù de shí hou.
누구나 다 실수할 때가 있어.

谁都有这样的时候。
Shéi dōu yǒu zhè yàng de shí hou.
누구나 다 이럴 때가 있어.

谁都有害怕的时候。
Shéi dōu yǒu hài pà de shí hou.
누구나 다 두려울 때가 있어.

谁都有生气的时候。
Shéi dōu yǒu shēng qì de shí hou.
누구나 다 화가 날 때가 있어.

怎么能 … 呢？　어떻게 ~ 할 수 있어?

덩어리로 외우세요!!

你怎么能这么做呢？
Nǐ zěn me néng zhè me zuò ne?
너 어떻게 이럴 수가 있니?

他怎么能说谎呢？
Tā zěn me néng shuō huǎng ne?
그는 어떻게 거짓말을 할 수 있어?

你怎么能出尔反尔呢？
Nǐ zěn me néng chū ěr fǎn ěr ne?
너 어떻게 이랬다 저랬다 할 수 있어?

你怎么能说话不算数呢？
Nǐ zěn me néng shuō huà bú suàn shù ne?
넌 어떻게 한다고 하고서 안 할 수가 있어?

怎样才能 … 呢? 　어떻게 해야 ~ 할 수 있을까?

> 덩어리로 외우세요!!

怎样才能发财呢? Zěn yàng cái néng fā cái ne? 어떻게 해야 부자가 될 수 있을까?	怎样才能成功呢? Zěn yàng cái néng chéng gōng ne? 어떻게 해야 성공할 수 있을까?
怎样才能减肥成功呢? Zěn yàng cái néng jiǎn féi chéng gōng ne? 어떻게 해야 다이어트에 성공할 수 있을까?	怎样才能得到你的心呢? Zěn yàng cái néng dé dào nǐ de xīn ne? 어떻게 해야 너의 마음을 얻을 수 있을까?

… 不如以前了　~ 가 예전만 못해.

> 덩어리로 외우세요!!

你的成绩不如以前了。 Nǐ de chéng jì bù rú yǐ qián le. 너의 성적이 이전만 못해.	我妈的身体不如以前了。 Wǒ mā de shēn tǐ bù rú yǐ qián le. 우리 엄마 건강이 옛날만 못해.
我的收入不如以前了。 Wǒ de shōu rù bù rú yǐ qián le. 내 수입이 전에만 못해.	他的生意不如以前了。 Tā de shēng yi bù rú yǐ qián le. 그의 사업이 이전만 못해.

패턴 **167**

好像 … 错了　잘못 ~ 한 것 같아.

덩어리로 외우세요!!

好像给错了。 hǎo xiàng gěi cuò le. 잘못 준 것 같아.	好像找错了。 hǎo xiàng zhǎo cuò le. 잘못 찾은 것 같아.
好像买错了。 hǎo xiàng mǎi cuò le. 잘못 산 것 같아.	好像听错了。 hǎo xiàng tīng cuò le. 잘못 들은 것 같아.

A着A着　A하다가

A는 동사여야 하고, 같은 동사를 사용해야 돼요. 한 가지 동작을 지속적으로 반복할 때 사용하는 표현이에요.

덩어리로 외우세요!!

我们聊着聊着坐过了。 Wǒ men liáo zhe liáo zhe zuò guò le. 우리는 얘기하다가 지나쳤어요.	她说着说着就哭了。 Tā shuō zhe shuō zhe jiù kū le. 그녀는 말하다가 울었어요.
我听着听着就不想听了。 Wǒ tīng zhe tīng zhe jiù bù xiǎng tīng le. 나는 듣다 보니 듣기 싫어졌어요.	孩子哭着哭着就睡着了。 Hái zi kū zhe kū zhe jiù shuì zháo le. 아이가 울다가 잠이 들었어요.

一边 … 一边 …　　～ 하면서 ～ 하다.

두 가지 동작이나 행위가 동시에 진행될 때 사용해요. <u>一边동작 一边동작</u> 이라고 외우면 더 잘 외워져요.

덩어리로 외우세요!!

你不要一边走一边吃。
Nǐ bú yào yì biān zǒu yì biān chī.
걸으면서 먹지 마.

我喜欢一边喝咖啡一边看书。
Wǒ xǐ huan yì biān hē kā fēi yì biān kàn shū.
난 커피 마시면서 책 보는 걸 좋아해.

他总是一边工作一边吃饭。
Tā zǒng shì yì biān gōng zuò yì biān chī fàn.
그는 늘 일하면서 밥을 먹어요.

他习惯了一边上厕所一边背单词。
Tā xí guàn le yì biān shàng cè suǒ yì biān bèi dān cí.
그는 화장실에서 볼일 보면서 단어 외우는 것이 이제 습관이 되었어요.

实在是太 … 了   정말 너무 너무 ~ 해요.

实在는 '정말'이라는 의미이며, '太~了(너무~하다)'의 앞에 놓여 하고자 하는 말을 더 강하게 표현할 때 사용해요.

이렇게 이해하세요!!

很贵。
hěn guì.
비싸요.

太贵了。
tài guì le.
너무 비싸네요.

实在是太贵了。
shí zài shì tài guì le.
비싸도 정말 너무 비싸네요.

덩어리로 외우세요!!

实在是太丢人了。 shí zài shì tài diū rén le. 정말 너무 쪽팔려요.	实在是太丑了。 shí zài shì tài chǒu le. 정말 너무 못생겼어요.
实在是太臭了。 shí zài shì tài chòu le. 정말 너무 너무 구려요.	实在是太对不起你了。 shí zài shì tài duì bu qǐ nǐ le. 정말 너무 너무 미안해요.

开始

十字

1001句~1200句

Day 26

그녀는 평범한 가정주부예요.
1001
她是个普通的家庭主妇。
Tā shì ge pǔ tōng de jiā tíng zhǔ fù.

사람마다 다 자기의 장점이 있어요.
1002
每个人都有自己的长处。
Měi ge rén dōu yǒu zì jǐ de cháng chu.

너 머리 왜 안 말렸니?
1003
你的头发怎么没吹干啊?
Nǐ de tóu fa zěn me méi chuī gān a?

매주 한 번 대청소를 해요.
1004
我每个星期一次大扫除。
Wǒ měi ge xīng qī yí cì dà sǎo chú.

그녀의 걷는 자세가 너무 섹시해요.
1005
她走路的姿势太性感了。
Tā zǒu lù de zī shì tài xìng gǎn le.

너의 앉은 자세가 별로 좋지 않아서야.
1006
因为你坐的姿势不太好。
Yīn wèi nǐ zuò de zī shì bú tài hǎo.

너가 이렇게 사람을 잘 챙길 줄 몰랐어.
1007
想不到你这么会照顾人。
Xiǎng bu dào nǐ zhè me huì zhào gù rén.

사람마다 생각이 다 달라요.
1008
每个人的想法都不一样。
Měi ge rén de xiǎng fǎ dōu bù yí yàng.

어쩜 한 말을 안 지킬수가 있니?
1009
你怎么能说话不算数呢?
Nǐ zěn me néng shuō huà bú suàn shù ne?

네 남친은 어떤 사람이야?
1010
你男朋友是什么样的人?
Nǐ nán péng you shì shén me yàng de rén?

제일 먼저 너한테 알려줄게.
1011
我会第一时间告诉你的。
Wǒ huì dì yī shí jiān gào su nǐ de.

왜 이렇게 눈치가 없니?
1012
怎么这么没有眼力见儿？
Zěn me zhè me méi yǒu yǎn lì jiànr?

어제 새벽 2시까지 공부했어.
1013
我昨天学习到凌晨两点。
Wǒ zuó tiān xué xí dào líng chén liǎng diǎn.

나한테 밥 산다고 하지 않았어?
1014
不是说好了请我吃饭吗？
Bú shì shuō hǎo le qǐng wǒ chī fàn ma?

나한테 밥 한 끼 꼭 사야 돼.
1015
你必须得请我吃一顿饭。
Nǐ bì xū děi qǐng wǒ chī yí dùn fàn.

더 분부하실 말씀 있으세요?
1016
你还有什么要吩咐的吗？
Nǐ hái yǒu shén me yào fēn fu de ma?

이런 느낌은 처음이야.
1017
这样的感觉还是第一次。
Zhè yàng de gǎn jué hái shì dì yī cì.

이 시간에도 음식 배달되나요?
1018
这个时间你们还送餐吗？
Zhè ge shí jiān nǐ men hái sòng cān ma?

상황을 모르면 함부로 말하지 마.
1019
不了解情况就不要乱说。
Bù liǎo jiě qíng kuàng jiù bú yào luàn shuō.

그의 다리는 젓가락처럼 가늘어요.
1020
他的腿细得像两根筷子。
Tā de tuǐ xì de xiàng liǎng gēn kuài zi.

五字
六字
七字
八字
九字
十字

나는 원래 이런 성격이야.

1021

我原来就是这样的性格。
Wǒ yuán lái jiù shì zhè yàng de xìng gé.

하루빨리 행복을 찾으세요.

1022

祝你早日找到你的幸福。
Zhù nǐ zǎo rì zhǎo dào nǐ de xìng fú.

그는 항상 부모님께 실망을 안겨드려요.

1023

他总是给父母带来失望。
Tā zǒng shì gěi fù mǔ dài lái shī wàng.

겨우 30살에 벌써 흰머리가 생겼어요.

1024

我才30就有白头发了。
Wǒ cái sān shí jiù yǒu bái tóu fa le.

외국어를 배우면
직장 구하는 데 도움이 되요.

1025

学外语对找工作有帮助。
Xué wài yǔ duì zhǎo gōng zuò yǒu bāng zhù.

그들은 교회에서 결혼식을 올렸어요.

1026

他们在教堂举行了婚礼。
Tā men zài jiào táng jǔ xíng le hūn lǐ.

이런 사람은 해고당해야 된다고요.

1027

这样的人就应该被开除。
Zhè yàng de rén jiù yīng gāi bèi kāi chú.

넌 정말 모르는 거야,
아니면 모르는 척하는 거야?

1028

你是真不懂还是装不懂？
Nǐ shì zhēn bù dǒng hái shi zhuāng bù dǒng?

어제 너의 행동은 너무 심했어.

1029

昨天你的行为太过分了。
Zuó tiān nǐ de xíng wéi tài guò fèn le.

그는 지금까지
자신에 대한 걸 말한 적이 없어.

1030

他从来不说自己的事儿。
Tā cóng lái bù shuō zì jǐ de shìr.

우리는 다른 사람의 장점을 배워야 돼요. 1031	我们要学习别人的长处。 Wǒ men yào xué xí bié rén de cháng chu.
그는 어제 와이프랑 이혼했어요. 1032	他昨天和他老婆离婚了。 Tā zuó tiān hé tā lǎo po lí hūn le.
그의 마음은 독사처럼 독해요. 1033	他的心和毒蛇一样狠毒。 Tā de xīn hé dú shé yí yàng hěn dú.
이 선생님의 수업을 못 따라가겠어요. 1034	我跟不上这个老师的课。 Wǒ gēn bu shàng zhè ge lǎo shī de kè.
자꾸 옛날 꺼내지 마. 1035	你不要老说以前的事儿。 Nǐ bú yào lǎo shuō yǐ qián de shìr.
그는 수업할 때 열정이 넘쳐요. 1036	他上课的时候充满热情。 Tā shàng kè de shí hou chōng mǎn rè qíng.
나한테 어떤 전공이 맞을지 모르겠어. 1037	不知道我适合哪个专业。 Bù zhī dào wǒ shì hé nǎ ge zhuān yè.
우리가 상의하고 알려줄게요. 1038	我们商量以后再告诉你。 Wǒ men shāng liang yǐ hòu zài gào su nǐ.
우리 서로 생각할 시간을 좀 갖자. 1039	咱们先冷静一段时间吧。 Zán men xiān lěng jìng yí duàn shí jiān ba.
이 일은 걔한테 말하기 창피해. 1040	这件事不好意思告诉他。 Zhè jiàn shì bù hǎo yì si gào su tā.

五字 六字 七字 八字 九字 十字

Day 27

걔 하루 아침에 알거지가 됐어.
1041

他一夜之间成了穷光蛋。
Tā yí yè zhī jiān chéng le qióng guāng dàn.

너 왜 자꾸 말을 돌리려고 그래?
1042

你为什么总转移话题呢？
Nǐ wèi shén me zǒng zhuǎn yí huà tí ne?

네가 나보다 닭다리 하나 더 먹었어.
1043

你比我多吃了一个鸡腿。
Nǐ bǐ wǒ duō chī le yí ge jī tuǐ.

근무시간에 쓸데없는 짓 하지 마세요.
1044

上班的时候别干没用的。
Shàng bān de shí hou bié gàn méi yòng de.

언제 솔로를 탈출할 수 있을지 모르겠어.
1045

不知道什么时候能脱单。
Bù zhī dào shén me shí hou néng tuō dān.

요즘 왜 이렇게 자꾸 깜박 깜박하지?
1046

我最近怎么这么健忘啊？
Wǒ zuì jìn zěn me zhè me jiàn wàng a?

벼락치기해도 시간이 부족해.
1047

临时抱佛脚也来不及了。
Lín shí bào fó jiǎo yě lái bu jí le.

우리 토요일에 등산 가기로 약속했어.
1048

我们约好了周六去爬山。
Wǒ men yuē hǎo le zhōu liù qù pá shān.

중간고사 언제 끝나?
1049

期中考试什么时候结束？
Qī zhōng kǎo shì shén me shí hou jié shù?

하루 용돈이 얼마예요?
1050

你每天的零用钱是多少？
Nǐ měi tiān de líng yòng qián shì duō shao?

나도 뉴스를 보고서야 알았어요. 1051	我也是看新闻才知道的。 Wǒ yě shì kàn xīn wén cái zhī dào de.
세상에 공짜는 없어요. 1052	世界上没有免费的午餐。 Shì jiè shàng méi yǒu miǎn fèi de wǔ cān.
5년 이상의 경력이 있어요. 1053	有五年以上的工作经验。 Yǒu wǔ nián yǐ shàng de gōng zuò jīng yàn.
가장 바쁠 때는 언제인가요? 1054	最忙的时候是什么时候？ Zuì máng de shí hou shì shén me shí hou?
당신은 어떤 상사를 싫어하나요? 1055	你不喜欢什么样的上司？ Nǐ bù xǐ huan shén me yàng de shàng si?
학생의 임무는 열심히 공부하는 거야. 1056	学生的任务是努力学习。 Xué shēng de rèn wu shì nǔ lì xué xí.
나는 비싼 것이 꼭 좋은 것이라고 생각하진 않아. 1057	我不觉得贵的就是好的。 Wǒ bù jué de guì de jiù shì hǎo de.
수업 끝나고 복습하는 습관을 들여. 1058	要养成课后复习的习惯。 Yào yǎng chéng kè hòu fù xí de xí guàn.
냉장고 안에 아침에 남은 반찬이 있어요. 1059	冰箱里有早上剩下的菜。 Bīng xiāng lǐ yǒu zǎo shang shèng xia de cài.
그의 월급이 왜 나보다 높은 거야? 1060	他的工资为什么比我高？ Tā de gōng zī wèi shén me bǐ wǒ gāo?

1001～1200句 **177**

내가 실수로 열쇠를 잃어버렸어.	我不小心把钥匙弄丢了。 Wǒ bù xiǎo xīn bǎ yào shi nòng diū le.
내 꿈은 돈 많은 사람한테 시집가는 거야.	我的梦想是嫁给有钱人。 Wǒ de mèng xiǎng shì jià gěi yǒu qián rén.
한참 동안 노크를 했는데도 아무도 문을 안 열어줘요.	我敲了半天也没人开门。 Wǒ qiāo le bàn tiān yě méi rén kāi mén.
팔이 안 올라가요.	我的胳膊都抬不起来了。 Wǒ de gē bo dōu tái bu qǐ lái le.
연예인 처음 봐요.	这是我第一次看见明星。 Zhè shì wǒ dì yī cì kàn jiàn míng xīng.
이 영화 중국어 자막 나와?	这部电影有中文字幕吗? Zhè bù diàn yǐng yǒu Zhōng wén zì mù ma?
기말고사 성적 나왔어?	期末考试成绩出来了吗? Qī mò kǎo shì chéng jì chū lái le ma?
대체 그 여자랑 무슨 사이야?	你到底跟她是什么关系? Nǐ dào dǐ gēn tā shì shén me guān xi?
이 옷은 유행이 좀 지났어요.	这件衣服有点儿过时了。 Zhè jiàn yī fu yǒu diǎnr guò shí le.
너한테 전화 여러 번 했었어.	我给你打了好几次电话。 Wǒ gěi nǐ dǎ le hǎo jǐ cì diàn huà.

한 달에 전화요금 얼마 나와?
1071
你每个月的话费是多少？
Nǐ měi ge yuè de huà fèi shì duō shao?

각 자 다 자기의 생활이 있어.
1072
每个人都有自己的生活。
Měi ge rén dōu yǒu zì jǐ de shēng huó.

부모님한테 전화 자주 드리니?
1073
你经常给父母打电话吗？
Nǐ jīng cháng gěi fù mǔ dǎ diàn huà ma?

이 문제를 어떻게 해결해야 할까?
1074
这个问题应该怎么解决？
Zhè ge wèn tí yīng gāi zěn me jiě jué?

커피를 많이 마시면 몸에 좋지 않아요.
1075
咖啡喝多了对身体不好。
Kā fēi hē duō le duì shēn tǐ bù hǎo.

가을 하늘이 너무 파랗네요.
1076
秋天的天空真是太蓝了。
Qiū tiān de tiān kōng zhēn shi tài lán le.

여름에 어떤 옷을 입으면 가장 시원할까?
1077
夏天穿什么衣服最凉快？
Xià tiān chuān shén me yī fu zuì liáng kuai?

물건을 문 앞에 놓으시면 돼요.
1078
把东西放在门口就行了。
Bǎ dōng xi fàng zài mén kǒu jiù xíng le.

어떻게 감사드려야 될지 모르겠네요.
1079
我不知道怎么谢谢你好。
Wǒ bù zhī dào zěn me xiè xie nǐ hǎo.

이번 달 수입은 예전만 못해요.
1080
这个月的收入不如以前。
Zhè ge yuè de shōu rù bù rú yǐ qián.

五字
六字
七字
八字
九字
十字

1001～1200句 179

Day 28

세상에는 좋은 사람이 참 많아요. 1081	这个世界上有很多好人。 Zhè ge shì jiè shàng yǒu hěn duō hǎo rén.
먹을 힘도 없어요. 1082	我连吃的力气都没有了。 Wǒ lián chī de lì qi dōu méi yǒu le.
그는 아버지와 평소 친하지 않아요. 1083	他和他爸爸平时不太亲。 Tā hé tā bà ba píng shí bú tài qīn.
그는 양다리나 걸치는 쓰레기야. 1084	他是脚踏两条船的渣男。 Tā shì jiǎo tà liǎng tiáo chuán de zhā nán.
지갑을 버스에서 떨어뜨렸어. 1085	钱包是在公交车上掉的。 Qián bāo shì zài gōng jiāo chē shàng diào de.
아침에 빵이나 시리얼을 먹어요. 1086	我早上吃面包或者麦片。 Wǒ zǎo shang chī miàn bāo huò zhě mài piàn.
그의 영화는 다 인기가 있어요. 1087	他的电影都非常受欢迎。 Tā de diàn yǐng dōu fēi cháng shòu huān yíng.
어떤 일이든 원인이 있게 마련이야. 1088	任何事儿都是有原因的。 Rèn hé shìr dōu shì yǒu yuán yīn de.
넌 어떤 프로그램을 좋아해? 1089	你喜欢看什么样的节目？ Nǐ xǐ huan kàn shén me yàng de jié mù?
그의 사업이 전보다 많이 좋아졌어. 1090	他的生意比以前好多了。 Tā de shēng yi bǐ yǐ qián hǎo duō le.

회사에서 이번 회의를 매우 중시해요. 1091	公司对这次会议很重视。 Gōng sī duì zhè cì huì yì hěn zhòng shì.
그 식당 전화번호 알아? 1092	你知道那家店的电话吗？ Nǐ zhī dào nà jiā diàn de diàn huà ma?
이건 매우 간단한 문제야. 1093	这是一个很简单的问题。 Zhè shì yí ge hěn jiǎn dān de wèn tí.
이런 경우는 일반적으로 발생하지 않아. 1094	这种情况一般不会发生。 Zhè zhǒng qíng kuàng yì bān bú huì fā shēng.
그것을 어디에 두었는지 잘 생각해봐. 1095	想想你把它放在哪儿了。 Xiǎng xiang nǐ bǎ tā fàng zài nǎr le.
기회가 이렇게 좋은데 뭘 망설여? 1096	这么好的机会犹豫什么？ Zhè me hǎo de jī huì yóu yù shén me?
그는 하루종일 침대에 누워 TV만 봐요. 1097	他整天躺在床上看电视。 Tā zhěng tiān tǎng zài chuáng shàng kàn diàn shì.
우리는 준비를 충분히 해야 돼. 1098	我们要做好充分的准备。 Wǒ men yào zuò hǎo chōng fèn de zhǔn bèi.
내일 중요한 회의가 있어요. 1099	明天我有个重要的会议。 Míng tiān wǒ yǒu ge zhòng yào de huì yì.
그의 생활습관이 많이 변했어요. 1100	他的生活习惯变了很多。 Tā de shēng huó xí guàn biàn le hěn duō.

나 지금 너희 회사 근처야. 1101	我现在在你们公司附近。 Wǒ xiàn zài zài nǐ men gōng sī fù jìn.
지금의 회사에 만족하시나요? 1102	你对现在的公司满意吗？ Nǐ duì xiàn zài de gōng sī mǎn yì ma?
내 마음에 꼭 드는 직장을 구했어요. 1103	我找到了我喜欢的工作。 Wǒ zhǎo dào le wǒ xǐ huan de gōng zuò.
내가 좋아하는 일을 하고 싶어요. 1104	我想做自己喜欢的工作。 Wǒ xiǎng zuò zì jǐ xǐ huan de gōng zuò.
그는 오늘 무슨 걱정거리가 있는 것 같아. 1105	他今天好像有什么心事。 Tā jīn tiān hǎo xiàng yǒu shén me xīn shì.
그들은 모두 명문 대학을 졸업했어요. 1106	他们都毕业于名牌大学。 Tā men dōu bì yè yú míng pái dà xué.
의사가 오늘부터 금식해야 한다고 했어요. 1107	医生说得从今天起禁食。 Yī shēng shuō děi cóng jīn tiān qǐ jìn shí.
저는 이 분야의 전문가가 되고 싶어요. 1108	我想成为这方面的专家。 Wǒ xiǎng chéng wéi zhè fāng miàn de zhuān jiā.
잘못을 인정할 용기가 없어요. 1109	我没有承认错误的勇气。 Wǒ méi yǒu chéng rèn cuò wù de yǒng qì.
벌써부터 입에 침이 고여요. 1110	我现在就开始流口水了。 Wǒ xiàn zài jiù kāi shǐ liú kǒu shuǐ le.

표정이 왜 이렇게 심각해?

你的表情怎么这么严肃?
Nǐ de biǎo qíng zěn me zhè me yán sù?

그는 지난달에 어디로 출장 갔나요?

他上个月去哪儿出差了?
Tā shàng ge yuè qù nǎr chū chāi le?

좋은 쪽으로 생각하세요.

你应该往好的方面想想。
Nǐ yīng gāi wǎng hǎo de fāng miàn xiǎng xiang.

네다섯 살짜리 아이들은 질문하는 걸 좋아해요.

四五岁的孩子爱问问题。
Sì wǔ suì de hái zi ài wèn wèn tí.

너의 요구가 좀 지나쳤어.

你的要求有点儿过分了。
Nǐ de yāo qiú yǒu diǎnr guò fèn le.

도서관에서는 큰소리로 말하는 것을 금지합니다.

图书馆里禁止大声喊叫。
Tú shū guǎn lǐ jìn zhǐ dà shēng hǎn jiào.

졸업 후 중국에 머무를 건가요?

毕业后你会留在中国吗?
Bì yè hòu nǐ huì liú zài Zhōng guó ma?

당신 요즘 정말 많이 변했어요.

你最近真是变化太大了。
Nǐ zuì jìn zhēn shi biàn huà tài dà le.

이번 한 번만 용서해 줄 거야.

我可是只原谅你这一回。
Wǒ kě shì zhǐ yuán liàng nǐ zhè yì huí.

드디어 그의 약점을 잡았어요.

我终于抓住了他的把柄。
Wǒ zhōng yú zhuā zhu le tā de bǎ bǐng.

Day 29

너에게 나의 사적인 것은 말하고 싶지 않아. 1121	我不想跟你说我的隐私。 Wǒ bù xiǎng gēn nǐ shuō wǒ de yǐn sī.
그는 조금도 어린애 같지가 않아요. 1122	他一点儿也不像小孩儿。 Tā yì diǎnr yě bú xiàng xiǎo háir.
이 가방은 며칠 안 돼서 망가졌어요. 1123	这个包没用几天就坏了。 Zhè ge bāo méi yòng jǐ tiān jiù huài le.
길에는 광고 전단이 널려 있어요. 1124	路上到处都是广告传单。 Lù shàng dào chù dōu shì guǎng gào chuán dān.
너희들의 출발점은 틀리지 않아. 1125	你们的出发点都没有错。 Nǐ men de chū fā diǎn dōu méi yǒu cuò.
우리는 이 통지를 받지 못했어요. 1126	我们没有收到这个通知。 Wǒ men méi yǒu shōu dào zhè ge tōng zhī.
더 이상 시간을 지체할 수 없어요. 1127	我们不能再耽误时间了。 Wǒ men bù néng zài dān wu shí jiān le.
주문하신 요리가 거의 다 되었어요. 1128	你点的菜差不多做好了。 Nǐ diǎn de cài chà bu duō zuò hǎo le.
나는 잠시 파일명이 생각나지 않았어요. 1129	我一时想不起文件名了。 Wǒ yì shí xiǎng bu qǐ wén jiàn míng le.
더 좋은 사람을 찾을 수 있을지도 모르잖아. 1130	说不定能找到更好的人。 Shuō bu dìng néng zhǎo dào gèng hǎo de rén.

내 능력을 충분히 발휘하고 싶어요.
1131
我想充分发挥我的能力。
Wǒ xiǎng chōng fèn fā huī wǒ de néng lì.

다른 사람을
비아냥거리는 것은 옳지 않아.
1132
经常讽刺别人是不对的。
Jīng cháng fěng cì bié rén shì bú duì de.

부부는 서로를 이해해야 돼요.
1133
夫妻之间应该相互理解。
Fū qī zhī jiān yīng gāi xiāng hù lǐ jiě.

이 일은 누가 옳고 그른지
말하기 어렵네요.
1134
这件事很难说谁对谁错。
Zhè jiàn shì hěn nán shuō shéi duì shéi cuò.

우리 그냥 원래 갔던 길로 가자!
1135
我们还是按原路返回吧!
Wǒ men hái shi àn yuán lù fǎn huí ba!

이 영화는 애들이 보기에 적합하지 않아.
1136
这部电影不适合儿童看。
Zhè bù diàn yǐng bù shì hé ér tóng kàn.

이 문제의 답이 뭔가요?
1137
这个问题的答案是什么?
Zhè ge wèn tí de dá àn shì shén me?

나한텐 이 문제를 해결할 능력이 있어.
1138
我有能力解决这个问题。
Wǒ yǒu néng lì jiě jué zhè ge wèn tí.

그는 지금까지 한 번도 다른 사람의
충고를 들은 적이 없어요.
1139
他从来不听别人的劝告。
Tā cóng lái bù tīng bié rén de quàn gào.

그는 친구 결혼식에 갔어요.
1140
他去参加朋友的婚礼了。
Tā qù cān jiā péng you de hūn lǐ le.

할아버지께 전화해서 새해인사 했어요. 1141	我给爷爷打电话拜年了。 Wǒ gěi yé ye dǎ diàn huà bài nián le.
요리에 고추를 좀 넣으면 더 맛있어. 1142	菜里放点儿辣椒更好吃。 Cài lǐ fàng diǎnr là jiāo gèng hǎo chī.
요즘 실직자가 늘고 있어요. 1143	最近失业的人越来越多。 Zuì jìn shī yè de rén yuè lái yuè duō.
이러면 경제 발전을 촉진할 수 있어요. 1144	这么做能促进经济发展。 Zhè me zuò néng cù jìn jīng jì fā zhǎn.
그는 평소에 공부를 전혀 열심히 하지 않아요. 1145	他平时根本不认真学习。 Tā píng shí gēn běn bú rèn zhēn xué xí.
너는 실패의 원인을 분석해야 돼. 1146	你应该分析失败的原因。 Nǐ yīng gāi fēn xī shī bài de yuán yīn.
왜 내 호의를 받아들이지 않는 거야? 1147	你怎么不接受我的好意？ Nǐ zěn me bù jiē shòu wǒ de hǎo yì?
이렇게 하면 너의 부담을 줄일 수 있어. 1148	这样可以减轻你的负担。 Zhè yàng kě yǐ jiǎn qīng nǐ de fù dān.
그는 항상 실제 상황을 고려하지 않아. 1149	他总是不考虑实际情况。 Tā zǒng shì bù kǎo lǜ shí jì qíng kuàng.
우리 회사는 지금 돈과 일손이 부족해요. 1150	我们公司现在缺钱缺人。 Wǒ men gōng sī xiàn zài quē qián quē rén.

회화가 문법보다 더 어려운 것 같아요. 1151	我觉得口语比语法更难。 Wǒ jué de kǒu yǔ bǐ yǔ fǎ gèng nán.
이 브랜드는 너무 비싼 것 같아. 1152	我觉得这个牌子太贵了。 Wǒ jué de zhè ge pái zi tài guì le.
내가 너보다 소주 한 병 덜 마셨어. 1153	我比你少喝了一瓶烧酒。 Wǒ bǐ nǐ shǎo hē le yì píng shāo jiǔ.
우리 부서의 상사가 입원했어요. 1154	咱们部门的上司住院了。 Zán men bù mén de shàng si zhù yuàn le.
너도 내 잔소리 듣고 싶지 않지? 1155	你也不想听我的唠叨吧？ Nǐ yě bù xiǎng tīng wǒ de láo dao ba?
이 말을 오랫동안 참았어요. 1156	这些话我也是忍了很久。 Zhè xiē huà wǒ yě shì rěn le hěn jiǔ.
이 버릇을 좀 고치면 안 되겠니? 1157	你能不能改掉这个毛病？ Nǐ néng bu néng gǎi diào zhè ge máo bìng?
네가 백설공주 새엄마야? 1158	你是白雪公主的后妈吗？ Nǐ shì Bái xuě Gōng zhǔ de hòu mā ma?
김치찌개 다 되면 밥 먹을 수 있어. 1159	泡菜汤好了就能吃饭了。 Pào cài tāng hǎo le jiù néng chī fàn le.
너희 두 사람 같은 부류인 것 같아. 1160	我觉得你们俩是同类人。 Wǒ jué de nǐ men liǎ shì tóng lèi rén.

Day 30

살다 보면 어려움을 겪게 마련이지. 1161	生活中肯定会遇到困难。 Shēng huó zhōng kěn dìng huì yù dào kùn nan.
그가 살아남은 것은 기적이에요. 1162	他能活下来就是个奇迹。 Tā néng huó xià lái jiù shì ge qí jì.
이러면 교통규칙을 위반하는 거야. 1163	这么做违反了交通规则。 Zhè me zuò wéi fǎn le jiāo tōng guī zé.
독도는 한국의 고유 영토예요. 1164	独岛是韩国的固有领土。 Dú Dǎo shì Hán guó de gù yǒu lǐng tǔ.
그의 성격은 가이드 하기에 적합해. 1165	他的性格很适合做导游。 Tā de xìng gé hěn shì hé zuò dǎo yóu.
이 문자는 저희 상사가 보낸 거예요. 1166	这条短信是我上司发的。 Zhè tiáo duǎn xìn shì wǒ shàng si fā de.
신용카드 비밀번호를 바꿨어. 1167	我把信用卡的密码改了。 Wǒ bǎ xìn yòng kǎ de mì mǎ gǎi le.
그가 얼굴을 붉히며 나에게 미안하다고 말했어요. 1168	他红着脸向我说对不起。 Tā hóng zhe liǎn xiàng wǒ shuō duì bu qǐ.
걘 여전히 자기 주장을 굽히지 않아. 1169	他仍然坚持自己的主张。 Tā réng rán jiān chí zì jǐ de zhǔ zhāng.
친환경 식품이 갈수록 인기가 많아요. 1170	绿色食品越来越受欢迎。 Lǜ sè shí pǐn yuè lái yuè shòu huān yíng.

내 소원은 너랑 이혼하는 거야.
1171

我的心愿就是跟你离婚。
Wǒ de xīn yuàn jiù shì gēn nǐ lí hūn.

어려움이 있으면 스스로 해결해.
1172

有什么困难你自己解决。
Yǒu shén me kùn nan nǐ zì jǐ jiě jué.

그가 좀전에 전화해서 뭐라 그랬어?
1173

他刚才在电话里怎么说？
Tā gāng cái zài diàn huà lǐ zěn me shuō?

우리는 동물을 함부로
다치게 해서는 안 돼요.
1174

我们不能随意伤害动物。
Wǒ men bù néng suí yì shāng hài dòng wù.

내가 지금 가장 신경쓰는 사람이 너야.
1175

你是我现在最关心的人。
Nǐ shì wǒ xiàn zài zuì guān xīn de rén.

우리가 반드시
끝낼 수 있을 거라 믿어요.
1176

我相信我们一定能完成。
Wǒ xiāng xìn wǒ men yí dìng néng wán chéng.

널 전폭적으로 밀어줄게.
1177

我一定会全力支持你的。
Wǒ yí dìng huì quán lì zhī chí nǐ de.

이 소설의 줄거리는 간단해요.
1178

这本小说的情节很简单。
Zhè běn xiǎo shuō de qíng jié hěn jiǎn dān.

비가 온 후에는 공기가 깨끗해요.
1179

下了雨以后空气很清新。
Xià le yǔ yǐ hòu kōng qì hěn qīng xīn.

그 사람은 큰 잠재력을 가지고 있어요.
1180

他这个人有很大的潜力。
Tā zhè ge rén yǒu hěn dà de qián lì.

五字 六字 七字 八字 九字 十字

이 상점에는 없는 물건이 없어요. 1181	这家商店的东西很齐全。 Zhè jiā shāng diàn de dōng xi hěn qí quán.
그렇게 기대에 찬 눈으로 바라보지 마. 1182	不要这么期待地看着我。 Bú yào zhè me qī dài de kàn zhe wǒ.
매년 추석에 성묘를 가요. 1183	每年中秋节我都去扫墓。 Měi nián Zhōng qiū Jié wǒ dōu qù sǎo mù.
그는 이 아가씨한테 호감이 있어요. 1184	他对这个女孩子有好感。 Tā duì zhè ge nǚ hái zi yǒu hǎo gǎn.
네가 알려준 방법 너무 신통해. 1185	你告诉我的办法太灵了。 Nǐ gào su wǒ de bàn fǎ tài líng le.
여기로 여행 오는 관광객이 정말 많아요. 1186	来这里旅游的游客很多。 Lái zhè lǐ lǚ yóu de yóu kè hěn duō.
고개를 들어 그의 눈을 바라볼 자신이 없어요. 1187	我不敢抬头看他的眼睛。 Wǒ bù gǎn tái tóu kàn tā de yǎn jing.
생일에 미역국은 먹었니? 1188	你过生日喝海带汤了吗? Nǐ guò shēng rì hē hǎi dài tāng le ma?
너라는 사람은 왜 신용을 안 지키니? 1189	你这个人怎么不讲信用? Nǐ zhè ge rén zěn me bù jiǎng xìn yòng?
너의 단점은 싫증을 잘 낸다는 거야. 1190	你的毛病就是喜新厌旧。 Nǐ de máo bìng jiù shì xǐ xīn yàn jiù.

그는 외모 때문에 열등감을 느껴요.
1191
他为自己的外貌而自卑。
Tā wèi zì jǐ de wài mào ér zì bēi.

지금 회사 자금이 매우 부족해요.
1192
现在公司的资金很紧张。
Xiàn zài gōng sī de zī jīn hěn jǐn zhāng.

이 돈은 두었다가 나중에 결혼할 때 써.
1193
这些钱留着将来结婚用。
Zhè xiē qián liú zhe jiāng lái jié hūn yòng.

서울이 너무 많이 변했어요.
1194
首尔的变化真是太大了。
Shǒu ěr de biàn huà zhēn shi tài dà le.

의사는 아직 그의 병인을 정확히 몰라요.
1195
医生还不清楚他的病因。
Yī shēng hái bù qīng chu tā de bìng yīn.

결과가 내 생각한 대로예요.
1196
结果和我想的完全一样。
Jié guǒ hé wǒ xiǎng de wán quán yí yàng.

여의도에 벌써 벚꽃이 피었어요.
1197
汝矣岛的樱花已经开了。
Rǔ yǐ Dǎo de yīng huā yǐ jīng kāi le.

이곳은 사계절 내내 따뜻해요.
1198
这里一年四季都很暖和。
Zhè lǐ yì nián sì jì dōu hěn nuǎn huo.

그는 몸이 많이 허약해졌어요.
1199
他的身体变得非常虚弱。
Tā de shēn tǐ biàn de fēi cháng xū ruò.

우리 일 년에 한 번씩 모이기로 했어.
1200
我们约好了一年聚一次。
Wǒ men yuē hǎo le yì nián jù yí cì.

五字
六字
七字
八字
九字
十字

단어 확! 꽂히는 중국어 — "단어는 총알이다"

普通 [pǔtōng]
형 평범하다. 보통이다.

家庭主妇 [jiātíngzhǔfù]
명 가정주부. 주부.

长处 [chángchu]
명 장점.

吹干 [chuīgān]
동 바람을 쐬어 말리다.

大扫除 [dàsǎochú]
명 대청소.

姿势 [zīshì]
명 자세. 모양.

性感 [xìnggǎn]
형 섹시하다.

想法 [xiǎngfǎ]
명 생각. 의견.

一样 [yíyàng]
형 같다. 동일하다.

说话不算数 [shuōhuàbúsuànshù]
동 말만 하고 책임지지 않는다.

眼力见儿 [yǎnlìjiànr]
명 눈치. 재치.

凌晨 [língchén]
명 새벽.

必须 [bìxū]
부 반드시 …해야 한다.

吩咐 [fēnfu]
동 분부하다. (말로) 시키다.

感觉 [gǎnjué]
명 감각. 느낌.

送餐 [sòngcān]
동 음식을 배달하다.

了解 [liǎojiě]
동 (자세하게 잘) 알다. 이해하다.

情况 [qíngkuàng]
명 상황. 정황. 형편.

乱说 [luànshuō]
동 함부로 지껄이다.

腿 [tuǐ]
명 다리.

细 [xì]
형 가늘다.

筷子 [kuàizi]
명 젓가락.

性格 [xìnggé]
명 성격.

早日 [zǎorì]
부 하루빨리. 일찍이.

幸福 [xìngfú]
형 행복하다.

总是 [zǒngshì]
부 늘. 줄곧. 언제나.

失望 [shīwàng]
명 실망.

白头发 [báitóufa]
명 흰머리.

外语 [wàiyǔ]
명 외국어.

帮助 [bāngzhù]
명 도움.

教堂 [jiàotáng]
명 교회당. 예배당.

举行 [jǔxíng]
동 거행하다. 개최하다. 실시하다.

婚礼 [hūnlǐ]
명 결혼식. 혼례.

应该 [yīnggāi]
동 마땅히 …해야 한다.

开除 [kāichú]
동 면직시키다. 해고하다.

装 [zhuāng]
동 가장하다. …인 양하다[체하다].

行为 [xíngwéi]
명 행위.

过分 [guòfèn]
형 (말이나 행동이) 지나치다.

从来 [cónglái]
부 지금까지. 여태껏. 이제까지.

自己 [zìjǐ]
대명사 자기. 자신.

老婆 [lǎopo]
명 마누라.

离婚 [líhūn]
동 이혼하다.

毒蛇 [dúshé]
명 독사.

狠毒 [hěndú]
형 잔인하다. 악독하다. 악랄하다.

跟不上 [gēnbushàng]
동 따라갈 수 없다.

充满 [chōngmǎn]
동 충만하다. 넘치다.

热情 [rèqíng]
명 열정.

适合 [shìhé]
동 적합하다. 알맞다. 적절하다.

专业 [zhuānyè]
명 전공.

商量 [shāngliang]
동 상의하다. 의논하다.

冷静 [lěngjìng]
동 침착[냉정]하게 하다.

不好意思 [bùhǎoyìsi]
형 창피스럽다. 계면쩍다.

穷光蛋 [qióngguāngdàn]
명 빈털터리. 알거지.

转移 [zhuǎnyí]
동 옮기다. 이동하다.

话题 [huàtí]
명 화제.

鸡腿 [jītuǐ]
명 닭 다리.

脱单 [tuōdān]
동 독신에서 벗어나다.

健忘 [jiànwàng]
동 잘 잊어 버리다. 명 건망증.

临时抱佛脚 [línshíbàofójiǎo]
속담 급하면 부처 다리를 안는다. (비유) 평소에 준비하지 않다가 일이 닥쳐서야 급히 하다.

来不及 [láibují]
동 손쓸 틈이 없다. 여유가 없다.

期中考试 [qīzhōngkǎoshì]
명 중간고사.

结束 [jiéshù]
동 끝나다. 마치다.

零用钱 [língyòngqián]
명 용돈.

新闻 [xīnwén]
명 뉴스.

免费 [miǎnfèi]
동 무료로 하다.

단어

확! 꽂히는 중국어   "단어는 총알이다"

午餐 [wǔcān]
명 점심식사.

以上 [yǐshàng]
명 이상.

经验 [jīngyàn]
명 경험. 경력.

上司 [shàngsi]
명 상사. 상급.

任务 [rènwu]
명 임무. 책무.

养成 [yǎngchéng]
동 기르다.

复习 [fùxí]
명, 동 복습(하다).

习惯 [xíguàn]
명 습관. 버릇.

冰箱 [bīngxiāng]
명 냉장고.

剩下 [shèngxia]
동 남다. 남기다.

工资 [gōngzī]
명 임금. 노임.

钥匙 [yàoshi]
명 열쇠.

弄丢 [nòngdiū]
동 분실하다. 잃어버리다.

梦想 [mèngxiǎng]
명 꿈.

嫁 [jià]
동 시집가다. 출가하다.

敲 [qiāo]
동 두드리다. 치다. 때리다.

半天 [bàntiān]
명 한참 동안.

胳膊 [gēbo]
명 팔.

抬 [tái]
동 들다. 들어올리다.

明星 [míngxīng]
명 스타(star).

字幕 [zìmù]
명 자막.

到底 [dàodǐ]
부 도대체.

关系 [guānxi]
명 관계.

过时 [guòshí]
동 시대에 뒤떨어지다. 유행이 지나다.

话费 [huàfèi]
명 통화 요금.

解决 [jiějué]
동 해결하다.

天空 [tiānkōng]
명 하늘. 공중.

蓝 [lán]
형 푸르다.

凉快 [liángkuai]
형 시원하다.

收入 [shōurù]
명 수입. 소득.

力气 [lìqi]
명 힘.

亲 [qīn]
형 친하다.

脚踏两条船 [jiǎotàliǎngtiáochuán]
속담 양다리 걸치다.

渣男 [zhānán]	钱包 [qiánbāo]	公交车 [gōngjiāochē]
명 쓰레기 같은 남자.	명 돈지갑.	명 버스.

掉 [diào]
동 (아래로) 떨어지다. 떨어뜨리다.

面包 [miànbāo]
명 빵.

或者 [huòzhě]
접속사 …(이)거나. …든지. 혹은.

麦片 [màipiàn]
명 시리얼.

受欢迎 [shòuhuānyíng]
동 환영을 받다. 인기가 있다.

任何 [rènhé]
대명사 어떠한 (…라도).

原因 [yuányīn]
명 원인.

节目 [jiémù]
명 종목. 프로그램.

生意 [shēngyi]
명 장사. 영업.

会议 [huìyì]
명 회의.

重视 [zhòngshì]
동 중시하다. 중요시하다.

简单 [jiǎndān]
형 간단하다. 단순하다.

一般 [yìbān]
형 보통이다. 일반적이다.

发生 [fāshēng]
동 발생하다. 생기다.

机会 [jīhuì]
명 기회.

犹豫 [yóuyù]
동 주저하다. 망설이다.

整天 [zhěngtiān]
명 온종일. 꼬빡 하루.

躺 [tǎng]
동 눕다.

充分 [chōngfèn]
형 충분하다.

准备 [zhǔnbèi]
명 준비.

附近 [fùjìn]
명 부근. 근처.

满意 [mǎnyì]
형 만족하다. 만족스럽다.

心事 [xīnshì]
명 걱정거리. 시름.

毕业 [bìyè]
동 졸업하다.

名牌大学 [míngpáidàxué]
명 명문대학.

禁食 [jìnshí]
동 금식하다. 단식하다.

成为 [chéngwéi]
동 …으로 되다.

专家 [zhuānjiā]
명 전문가.

承认 [chéngrèn]
동 시인하다. 인정하다.

错误 [cuòwù]
명 실수. 잘못.

단어 확! 꽂히는 중국어 "단어는 총알이다"

勇气 [yǒngqì]	流口水 [liúkǒushuǐ]	表情 [biǎoqíng]
명 용기.	동 군침을 흘리다.	명 표정.

严肃 [yánsù]	要求 [yāoqiú]	图书馆 [túshūguǎn]
형 (표정·분위기가) 엄숙하다. 근엄하다.	명 요구.	명 도서관.

禁止 [jìnzhǐ]	大声 [dàshēng]	喊叫 [hǎnjiào]
동 금지하다.	명 큰 소리. 높은 소리.	동 외치다. 아우성치다. 큰 소리로 외치다. 고함치다.

变化 [biànhuà]	原谅 [yuánliàng]	抓住 [zhuāzhu]
명 변화.	동 양해하다. 용서하다.	동 붙잡다. 움켜잡다.

把柄 [bǎbǐng]	隐私 [yǐnsī]	包 [bāo]
명 약점. 꼬투리.	명 사생활. 프라이버시.	명 가방.

到处 [dàochù]	广告 [guǎnggào]	传单 [chuándān]
명 도처.	명 광고. 선전.	명 전단.

出发点 [chūfādiǎn]	收到 [shōudào]	通知 [tōngzhī]
명 출발점.	동 받다. 수령하다.	명 통지. 통지서.

耽误 [dānwu]	点 [diǎn]	一时 [yìshí]
동 시간을 허비하다. 지체하다.	동 주문하다.	명 일시. 임시.

文件名 [wénjiànmíng]	说不定 [shuōbudìng]	发挥 [fāhuī]
명 파일명.	부 …일지도 모른다.	동 발휘하다.

能力 [nénglì]	讽刺 [fěngcì]	夫妻 [fūqī]
명 능력. 역량.	동 풍자하다.	명 부부.

相互 [xiānghù]	理解 [lǐjiě]	原路 [yuánlù]
부 서로.	동 이해하다.	명 원래의 길. 왔던 길.

儿童 [értóng] 명 어린이. 아동.	答案 [dá'àn] 명 답안. 해답.	劝告 [quàngào] 명 충고.
拜年 [bàinián] 동 세배하다. 새해 인사를 드리다.	辣椒 [làjiāo] 명 고추.	失业 [shīyè] 동 직업을 잃다. 실업하다.
促进 [cùjìn] 동 촉진하다.	经济 [jīngjì] 명 경제.	发展 [fāzhǎn] 명 발전.
分析 [fēnxī] 동 분석하다.	失败 [shībài] 명 실패.	好意 [hǎoyì] 명 호의. 선의.
减轻 [jiǎnqīng] 동 경감하다. 덜다.	负担 [fùdān] 명 부담.	考虑 [kǎolǜ] 동 고려하다.
实际 [shíjì] 명,형 실제(의).	缺 [quē] 동 모자라다.	口语 [kǒuyǔ] 명 구어. 회화.
语法 [yǔfǎ] 명 어법. 문법.	牌子 [páizi] 명 상표. 브랜드.	烧酒 [shāojiǔ] 명 소주.
部门 [bùmén] 명 부문. 부서.	住院 [zhùyuàn] 동 입원하다.	唠叨 [láodao] 동 잔소리하다.
忍 [rěn] 동 참다. 견디다.	改掉 [gǎidiào] 동 고쳐 버리다.	毛病 [máobing] 명 약점. 흠. 나쁜 버릇.
白雪公主 [Báixuě Gōngzhǔ] 명 백설공주.	后妈 [hòumā] 명 계모.	泡菜汤 [pàocàitāng] 명 김치찌개.
同类 [tónglèi] 명 동류. 같은 무리.	遇到 [yùdào] 동 만나다. 마주치다.	困难 [kùnnan] 명 곤란. 어려움. 애로.

단어 **197**

단어

확! 꽂히는 중국어   "단어는 총알이다"

奇迹 [qíjì] 명 기적.	**违反** [wéifǎn] 동 위반하다. 위반되다.	**交通** [jiāotōng] 명 교통.
规则 [guīzé] 명 규칙.	**独岛** [DúDǎo] 명 독도.	**固有** [gùyǒu] 형 고유의.
领土 [lǐngtǔ] 명 영토. 국토.	**导游** [dǎoyóu] 명 관광 안내원. 가이드.	**短信** [duǎnxìn] 명 메시지.
信用卡 [xìnyòngkǎ] 명 신용 카드.	**密码** [mìmǎ] 명 암호. 비밀 번호.	**坚持** [jiānchí] 동 (주장 따위를) 견지하다.
主张 [zhǔzhāng] 명 주장. 견해. 의견.	**绿色食品** [lǜsèshípǐn] 명 녹색 식품.	**心愿** [xīnyuàn] 명 소원.
随意 [suíyì] 동 뜻대로 하다. 마음대로 하다.	**伤害** [shānghài] 동 상해하다. 해치다.	**全力** [quánlì] 명 전력. 모든 힘.
支持 [zhīchí] 동 지지하다. 후원하다.	**小说** [xiǎoshuō] 명 소설.	**情节** [qíngjié] 명 줄거리.
清新 [qīngxīn] 형 맑고 새롭다. 신선하다.	**潜力** [qiánlì] 명 잠재(능)력. 숨은 힘.	**齐全** [qíquán] 동 완전히 갖추다.
中秋节 [ZhōngqiūJié] 명 추석.	**扫墓** [sǎomù] 동 성묘하다.	**好感** [hǎogǎn] 명 호감.
灵 [líng] 형 효력이 있다. 잘 듣다.	**游客** [yóukè] 명 관광객. 여행객.	**抬头** [táitóu] 동 머리를 들다.
海带汤 [hǎidàitāng] 명 미역국.	**讲信用** [jiǎngxìnyòng] 동 신용을 지키다.	**喜新厌旧** [xǐxīnyànjiù] 성어 싫증을 잘 내다.

外貌 [wàimào]
명 외모.

自卑 [zìbēi]
형 열등감을 가지다.

资金 [zījīn]
명 자금.

紧张 [jǐnzhāng]
형 (물자가) 부족하다.

将来 [jiānglái]
명 장래. 미래.

病因 [bìngyīn]
명 병인. 병의 원인.

汝矣岛 [RǔyǐDǎo]
명 여의도.

樱花 [yīnghuā]
명 벚꽃.

开 [kāi]
동 꽃이 피다.

四季 [sìjì]
명 사계절.

暖和 [nuǎnhuo]
형 따뜻하다.

虚弱 [xūruò]
형 허약하다. 쇠약하다.

约 [yuē]
동 약속하다.

聚 [jù]
동 모이다.

팁 패턴이 문법보다 빠르다

> A比B + 多 + 동사 + 수량구   'A가 B보다 얼만큼 더 ~ 했다.'
> A比B + 少 + 동사 + 수량구   'A가 B보다 얼만큼 덜 ~ 했다.'

덩어리로 외우세요!!

你比我多吃了一个鸡腿。 Nǐ bǐ wǒ duō chī le yí ge jī tuǐ. 너가 나보다 닭다리 한 개 더 먹었어.	我比你少喝了一瓶烧酒。 Wǒ bǐ nǐ shǎo hē le yì píng shāo jiǔ. 내가 너보다 소주 한 병 덜 마셨어.
我比他多买了一件衣服。 Wǒ bǐ tā duō mǎi le yí jiàn yī fu. 내가 그보다 옷을 한 벌 더 샀어.	我比他少跑了一圈。 Wǒ bǐ tā shǎo pǎo le yì quān. 내가 그보다 한 바퀴 덜 뛰었어.

> 连 강조내용 都/也 …   ~ 조차도 ~ 하다.

덩어리로 외우세요!!

我连说话的力气都没有了。 Wǒ lián shuō huà de lì qi dōu méi yǒu le. 나는 말할 힘(조차)도 없어.	连吃饭的时间都没有。 Lián chī fàn de shí jiān dōu méi yǒu. 밥 먹을 시간(조차)도 없어.
我身上连一分钱都没有。 Wǒ shēn shàng lián yì fēn qián dōu méi yǒu. 나는 돈이 한 푼(조차)도 없어.	他连父母的话都不听。 Tā lián fù mǔ de huà dōu bù tīng. 그는 부모의 말(조차)도 안 들어.

··· 比以前好多了   ~가 예전보다 많이 좋아졌어.

덩어리로 외우세요!!

他的生意比以前好多了。 Tā de shēng yi bǐ yǐ qián hǎo duō le. 그의 사업이 옛날보다 많이 좋아졌어.	他的身体比以前好多了。 Tā de shēn tǐ bǐ yǐ qián hǎo duō le. 그의 건강이 전보다 많이 좋아졌어.
他的脾气比以前好多了。 Tā de pí qi bǐ yǐ qián hǎo duō le. 그의 성격이 이전보다 많이 좋아졌어.	现在住的地方比以前好多了。 Xiàn zài zhù de dì fang bǐ yǐ qián hǎo duō le. 지금 사는 곳이 이전보다 많이 좋아졌어.

从 ··· 开始 ··· / 从 ··· 起 ···   ~부터 ~하기 시작하다.

덩어리로 외우세요!!

从明天开始减肥。 cóng míng tiān kāi shǐ jiǎn féi. 내일부터 다이어트 할 거야.	从昨晚开始一直头疼。 cóng zuó wǎn kāi shǐ yì zhí tóu téng. 어제부터 계속 머리가 아파.
从昨天开始做运动了。 cóng zuó tiān kāi shǐ zuò yùn dòng le. 어제부터 운동 시작했어요.	从明天开始好好儿学习。 cóng míng tiān kāi shǐ hǎo hǎor xué xí. 내일부터 공부 열심히 할 거야.

怎么这么 … ?　왜 이렇게 ~ 해?

> 덩어리로 외우세요!!

你的表情怎么这么严肃？ Nǐ de biǎo qíng zěn me zhè me yán sù? 너 표정이 왜 이렇게 심각해?	今天的网怎么这么差？ Jīn tiān de wǎng zěn me zhè me chà? 오늘 인터넷이 왜 이렇게 느려?
你怎么这么没有眼力劲儿？ Nǐ zěn me zhè me méi yǒu yǎn lì jinr? 넌 왜 이렇게 눈치가 없니?	我最近怎么这么健忘啊？ Wǒ zuì jìn zěn me zhè me jiàn wàng a? 나 요즘 왜 이렇게 깜박 깜박하지?

终于 … 了　드디어 ~ 했어.

> 덩어리로 외우세요!!

我终于抓到了他的把柄。 Wǒ zhōng yú zhuā dào le tā de bǎ bǐng. 드디어 그의 약점을 잡았어.	我终于有男朋友了。 Wǒ zhōng yú yǒu nán péng you le. 드디어 남자친구가 생겼어요.
考试终于结束了。 Kǎo shì zhōng yú jié shù le. 시험이 드디어 끝났어.	我终于减肥成功了。 Wǒ zhōng yú jiǎn féi chéng gōng le. 드디어 다이어트에 성공했어.

为A而B   A를 위해서 B하다.

为는 '~을 위하여, ~때문에'의 의미이기 때문에, 이 뒤에는 목적이나 원인이 오고 '而' 뒤에는 결과가 와요.

덩어리로 외우세요!!

他为自己的外貌而自卑。 Tā wèi zì jǐ de wài mào ér zì bēi. 그는 자신의 외모 때문에 열등감을 느낀다.	你不要为这件事而生气。 Nǐ bú yào wèi zhè jiàn shì ér shēng qì. 이 일 때문에 화내지 마.
他每天都为成绩而烦恼。 Tā měi tiān dōu wèi chéng jì ér fán nǎo. 그는 매일 성적 때문에 고민한다.	她是为男朋友而整容的。 Tā shì wèi nán péng you ér zhěng róng de. 그녀는 남자친구를 위해 성형을 했다.

我跟(他)约好了 …   난 (그)와 ~ 하기로 약속했어.

덩어리로 외우세요!!

我跟他约好了周六去爬山。 Wǒ gēn tā yuē hǎo le zhōu liù qù pá shān. 난 그와 토요일에 등산 가기로 약속했어.	我们约好了一年聚一次。 Wǒ men yuē hǎo le yì nián jù yí cì. 우리는 일 년에 한 번 모이기로 약속했어.
我跟他约好了在这里见面。 Wǒ gēn tā yuē hǎo le zài zhè lǐ jiàn miàn. 난 그와 여기서 만나기로 약속했어.	我跟他约好了一起考上首尔大学。 Wǒ gēn tā yuē hǎo le yì qǐ kǎo shàng Shǒu ěr dà xué. 난 그와 같이 서울대학에 합격하자고 약속했어.

一 + 양사 + (명사) + 也/都 + 没/不 + … ~ 한 ~ 도 ~ 하지 않았어.

강한 부정을 나타낼 때 사용해요. 也는 같은 의미를 가진 都로 대체할 수 있으며 뒤에는 没나 不의 부정문이 와요.

덩어리로 외우세요!!

我一个字都看不懂。 Wǒ yí ge zì dōu kàn bu dǒng. 한 글자도 모르겠어요.	我一句汉语都不会说。 Wǒ yí jù Hàn yǔ dōu bú huì shuō. 중국어 한 마디도 할 줄 몰라요.
我今天一顿饭都没吃。 Wǒ jīn tiān yí dùn fàn dōu méi chī. 오늘 한 끼도 안 먹었어요.	他一句话都没说。 Tā yí jù huà dōu méi shuō. 그는 한 마디도 하지 않았어요.

A不如B   A는 B만 못하다. A가 B보다 낫다.

덩어리로 외우세요!!

话多不如话少。 Huà duō bù rú huà shǎo. 말이 많은 건 말이 적은 것만 못해.	他家不如我家有钱。 Tā jiā bù rú wǒ jiā yǒu qián. 그의 집은 우리 집 만큼 돈이 많지 않아.
你儿子不如我儿子聪明。 Nǐ ér zi bù rú wǒ ér zi cōng ming. 너희 아들은 우리 아들만큼 똑똑하지 못해.	你老公不如我老公赚得多。 Nǐ lǎo gōng bù rú wǒ lǎo gōng zhuàn de duō. 너희 남편이 우리 남편보다 많이 벌지 못해.

김미숙

現) 롱차이나 중국어 대표
前) 중국 산동대학 위해 캠퍼스 객원 교수
　　우송대 겸임교수, 부천대 출강
　　시대에듀 HSK
　　중국어 관광통역안내사 강사

저서
50일 만에 끝내는
중국어 관광통역안내사 2차 면접
40일 완성 날로 먹는 중국어
착 붙는 新HSK 실전 모의고사 2급·3급
하오빵 新HSK 실전 모의고사 2급
롱롱 新HSK 1급 실전 모의고사
날로 먹는 중국어 어휘편 상/하
날로 먹는 중국어 관용어편
중국어는 섹시해
날로 먹는 중국어 여행 중국어
성어 때문에 울지 마라
작업의 정석 HSK

강위남

中国烟台大学文经学院 졸업
한국GNB 강사
기업체 다수 출강
롱차이나 중국어 대표강사

확! 꽂히는 중국어 1200句 Ⅱ

2021년 12월 10일 초판 1쇄 펴냄

지은이 김미숙 · 강위남
발행인 김흥국
발행처 도서출판 문

책임편집 이소희
표지디자인 손정자

등록   제2013-000026호
주소   경기도 파주시 회동길 337-15
전화   031-955-9797(대표), 02-922-2246(영업)
팩스   02-922-6990
메일   kanapub3@naver.com/bogosabooks@naver.com
http://www.bogosabooks.co.kr

ISBN 979-11-86167-39-7   13720
ⓒ 김미숙 · 강위남, 2021

정가 12,000원
사전 동의 없는 무단 전재 및 복제를 금합니다.
잘못 만들어진 책은 바꾸어 드립니다.